운명을 바꾸는
행동의 힘

그는 어떻게 5년 만에 100억 원을 벌 수 있었을까?

운명을 바꾸는 행동의 힘

초판 1쇄 인쇄 2021년 3월 17일
초판 1쇄 발행 2021년 3월 24일

지은이 유선국

발행인 백유미 조영석

발행처 (주)라온아시아
주소 서울특별시 서초구 효령로 34길 4, 프린스효령빌딩 5F

등록 2016년 7월 5일 제 2016-000141호
전화 070-7600-8230 **팩스** 070-4754-2473

값 14,000원
ISBN 979-11-91283-28-0 (03190)

그는 어떻게 5년 만에
100억 원을 벌 수 있었을까?

운명을 바꾸는 행동의 힘

유선국 지음

DO IT NOW

RAON
BOOK

프롤로그

절대 머릿속으로만 결심하는 바보는 되지 마라!

머릿속으로만 생각하고 결심한다면 부자가 될 수 있을까? 전 세계인들의 경제 관념을 바꿔놓았던 《부자 아빠 가난한 아빠》(황금가지, 2001)의 저자 로버트 기요사키의 말에 의하면 인생은 선택과 집중을 잘해야 한다. 하지만 우리는 선택을 하는 데 있어 수많은 생각과 결심만 하고 직접 행동하지는 않는다.

이는 아마도 직접 행동했을 시의 기회비용이 두려워서인 것 같다. 나 또한 《부자 아빠 가난한 아빠》 시리즈를 계속 읽고 연구하면서 내가 목표를 향해 나아갈 때 가장 큰 걸림돌이 되었던 게 '두려움'이라는 것을 알게 됐다.

그러나 우리는 직접 행동하지 않으면 결과를 알 수 없고, 결과를 모르면 자신의 부족한 점 또한 찾을 수 없다. 따라서 우리가 부자가 되려면 꼭 필요한 것은 생각과 결심으로만 끝나는 것이 아닌 운명을 바꿔줄 수 있을 정도의 뜨거운 행동력이다.

어느덧 사회생활을 시작한 지 15년 차에 접어들고 있다. 지금도 내 삶의 목표 중 하나인 '경제적 자유'를 향해 뛰어가고 있다. 참고로 내가 20대 초반에 정한 경제적 목표는 주거용 아파트, 투자용 아파트, 투자용 토지 이외에도 자동차, 주식 잔고 1억 원, 연봉 수억 원 등 나의 자산을 형성하는 것이었다.

스물다섯 살, 나는 기요사키의 책을 처음 처음 접하고 삶의 우선순위를 '돈'으로 정했다. 나의 행복의 기준은 '돈'에 대해 학습하며 실험해보고 도전해보는 것이었다. 그리고 나 자신이 책에 투영되어 그대로 삶을 살았을 때 실제로 부자가 될 수 있는지 궁금했다. 저자에 대해 깊이 아는 것도 없고 오로지 나 혼자 감명받아 그의 사상대로 사고하며 행동해보자 마음먹었다.

사실 그렇게 한다고 해서 부자로 성공하리란 보장이 없기 때문에 미친짓이나 마찬가지였다. 하지만 '돈'에 대해 올바른 관점과 직업의 관점에 대해 배우고 싶었다.

내가 처음 돈 버는 개념을 익힌 것은 중학교 3학년 때다. 부모님 일을 도와드리기 위해 조금 더 일찍 일어나고, 보상이 없더라도 꾸준히 해야 인정받을 수 있다는 것을 알게 됐다.

그 이후 근로자로 시작해 전문직을 거쳐 사업가로 성장했으며 투자자로 전향하고 있다. 현재에 오기까지 성공한 일보다 실패한 일이 더 많았다. 여전히 계속 실패하면서 배우고 있다. 한 번은 폐업사실증명원을 발급받으러 세무서에 들렀는데 직원이 서류 두 페이지가 넘는 나의 이력을 보고 놀랐다. 그리고 나를 걱정해주며 진심 어린 마음으로 "이번에 꼭 잘되실 거예요"라고 말했다.

현재 나는 내 이름을 기반으로 설립한 농업회사법인 '유선식품' 주식회사를 5년째 성공적으로 경영하고 있다. 우리 회사는 치킨 프랜차이즈를 도와주는 서비스를 제공한다. 연간 매출액은 100억 원 이상이며 직원은 50여 명이 된다. 향후 2030년 안에 코스닥 상장을 목표로 달려가고 있다. 주변 지인들은 내가 행동해온 것들에 대해서 실패만 있었는데 어떻게 지금 자리까지 올 수 있었는지 신기해한다.

실패를 두려워해선 안 된다. 어느 누구도 실패가 없는 성공은 없다. 성공을 하기 위해서는 실패는 불가항력이다. 그러려면 우리는 실패를 즐길 줄 아는 마음가짐을 가져야 한다.

당신도 할 수 있다. 생각한 것을 행동하라. 원하는 것을 이룰 수 있을 것이다. 머릿속으로만 한 생각과 결심으로는 평생 목표를 이룰 수 없다. 지금 대한민국은 코로나19 바이러스로 힘겨운 시간을 보내고 있다. 큰 위기 뒤에는 큰 기회도 온다. 준비한 사람만이 그 기회를 잡을 수 있다.

이 책을 선택한 독자는 분명 '돈'에 대한 열망이 있다거나 경제적 자유에 대해 궁금한 사람들일 것이다. 나는 여러분이 정말 원하는 것을 얻기 위해 뜨겁게 행동하길 바란다. 직접 부딪히고 경험하는 것만큼 얻는 게 많은 것은 없다. 특히 자기 계발은 열심히 하는데 수입에 변화가 없거나 돈과 시간만 허비하는 악순환 속에 갇혀 있다면, 이 책을 계기로 경제적·시간적 자유를 꼭 획득하길 바란다.

이 책은 총 4장으로 구성되어 있다. 1장에서는 장기 경기 침체, 고용불안이 지속되는 시기에 왜 지금 더 행동력이 필요한지와 누구나 경제적·시간적 자유를 얻을 수 있다는 내용으로 구성했고 2장에서는 내가 지금까지 해왔던 좌충우돌 인생 도전기 사례와 실패를 통해 깨달은 것들을 담았다. 3장에서는 행동력을 키울 수 있는 트레이닝 방법을 마인드부터 공부법까지 자세히 소개한다. 4장에서는 30여 개의 직업을 거치며 느낀 점을 토대로 알아두었으면 하는 내용과 사업가의 꿈을 가진 젊은이들에게 전해주고자 하는 이야기를 담았다.

지금부터 들려드릴 나의 뜨거운 행동력은 어디서 보고 들은 것이 아닌 내가 직접 발로 뛰면서 《부자 아빠 가난한 아빠》 이야기를 멘토 삼아 걸어온 이야기다. 이 책을 읽으면서 당신의 운명을 바꿔줄 행동의 힘을 뜨겁게 그리고 가슴 뛰게 느꼈으면 한다.

유선국

차 례

2장

나는 행동력으로 세상과 싸웠다

3장

100억짜리 행동력을 키우는 노하우

4장

사장을 꿈꾸는 이들을 위한 어드바이스

유선국의 좌충우돌 인생 도전기

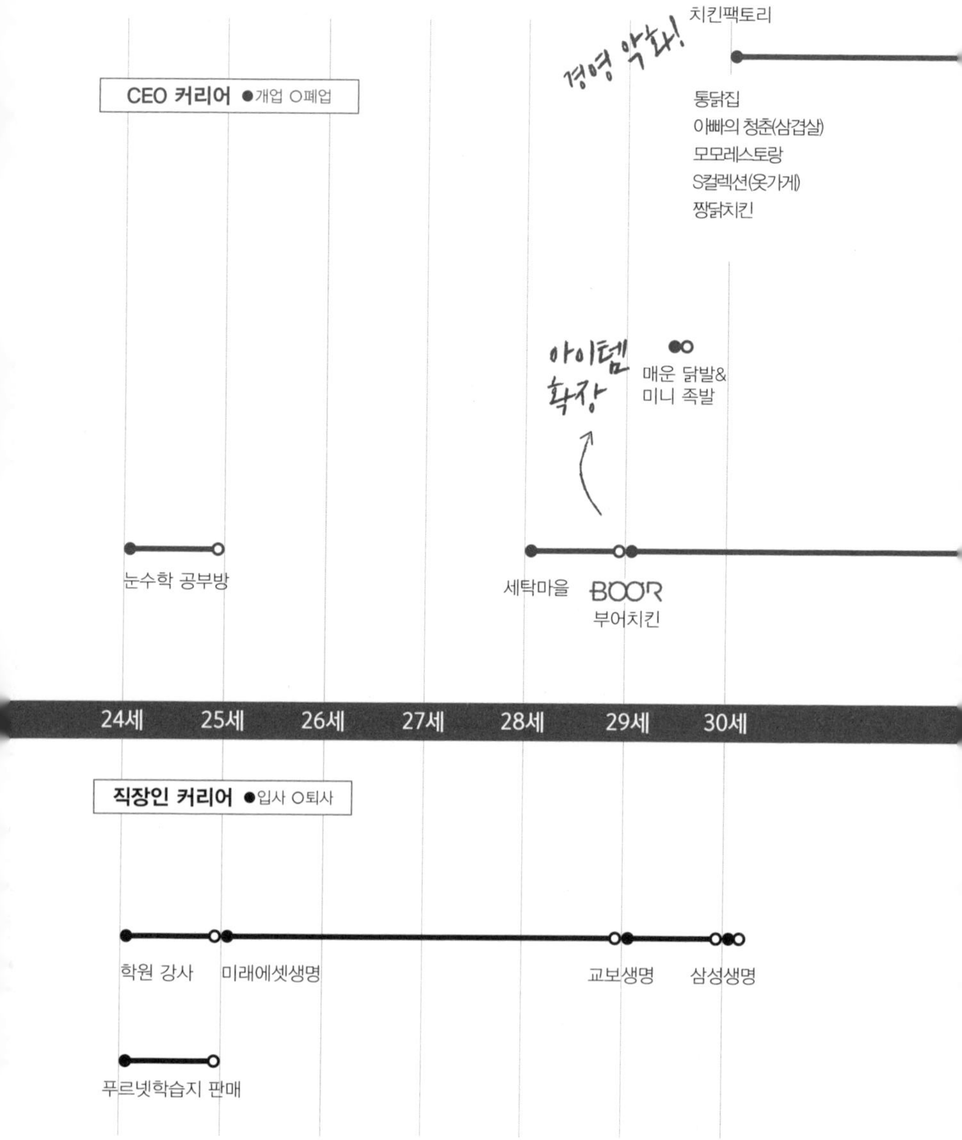

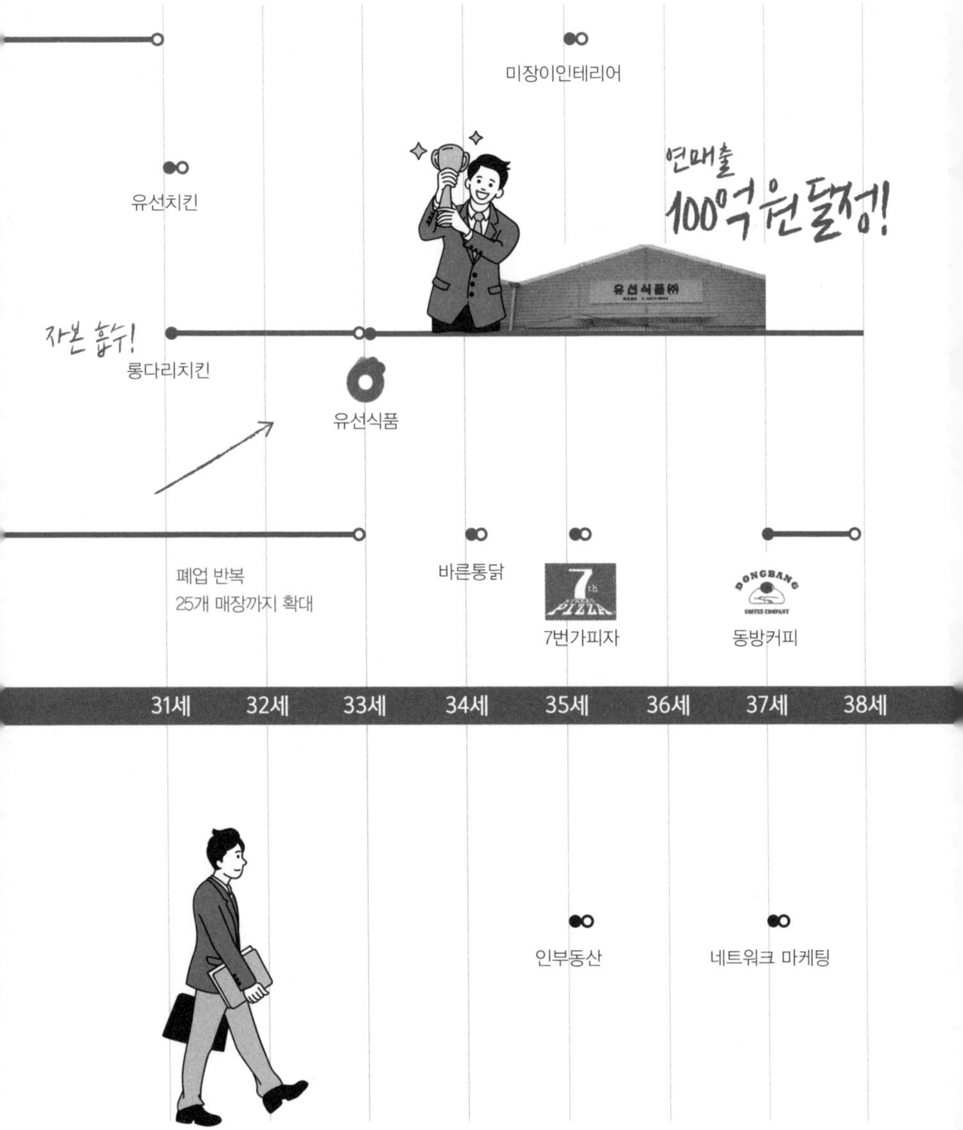
미장이인테리어
유선치킨
연매출
100억원 달성!
유선식품㈜
자본 흡수!
롱다리치킨
유선식품
폐업 반복
25개 매장까지 확대
바른통닭
7th
PIZZA
7번가피자
DONGBANG
COFFEE COMPANY
동방커피
31세
32세
33세
34세
35세
36세
37세
38세
인부동산
네트워크 마케팅

1장

행동력이 운명을 결정한다

누구나 경쟁적인 자유를 가질 수 있다

일한 후 받는 보상은 달콤했다

나의 정식 첫 '알바'는 수능이 끝난 스무 살 때다. 대학교에 입학하게 되어 '등록비는 못 마련하더라도 용돈은 내가 벌어서 쓰자'라는 생각으로 구인 구직 목록을 찾아보다가 고깃집에서 숯불 피우는 일을 하게 되었다. 그렇게 대학교 진학 전까지 낮에는 운전면허를 취득하기 위해 자동차 운전학원에 다니고, 저녁엔 고깃집에서 알바를 했다.

근무 환경은 좋지 않았다. 그 당시에는 지금처럼 기계로 불을 피우는 것이 아닌 숯불을 사용했기 때문에 매일 신문지에 불을 붙여 숯에 불을 지펴야 했고 식당 밖에서 하는 일이라 여름에는 벌레들과의 싸움을, 겨울에는 추위와의 싸움을 견뎌야만 했다.

내가 알바를 하던 시기는 겨울이라 추위를 견뎌야 했고, 당시 알바 급여비가 60만 원이었는데 첫 알바비를 받던 그 순간은 아직도 잊을 수가 없다. 지금처럼 자동이체로 급여가 정산되는 게 아니라 사장님께서 일을 마치고 직원들을 한 곳에 불러 흰 봉투에 이름을 적어서 월급을 넣어주셨다.

나는 첫 월급을 받고 시장에 있는 BYC 속옷 매장에 가서 부모님 내복을 사 선물해드리고, 전부터 가지고 싶었던 카세트 오디오를 구입하고, 대학 다닐 때 입을 옷을 사기 위해 서울로 올라가 동대문 쇼핑 타운에서 쇼핑을 하고 내려왔다. 지금도 이 기억들이 여전히 생생하다.

대학에 진학해서도 주말이면 용역업체를 통해 용돈을 벌었다. 내가 다니던 대학교는 경기도 안성과 이천 사이에 있어서 주말이면 대학 친구들은 본가로 갔지만, 충남 보령에서 태어난 나는 내려가기가 힘들었다. 그래서 마을 입구에 나갈 때마다 용역 일자리 전단지가 항상 붙어 있는 것을 보고 지원하게 됐다.

주로 택배물류회사 일이 많았는데 영화나 드라마처럼 현장으로 이동하기 위해 용역 사무실 앞에 모이면 작은 승합차가 데리러 와서 순서대로 사람들을 태우고 이동했다. 저녁에 출근해서 아침까지 택배 분리 작업을 하는 아주 고된 일이었다. 상자를 각 지역으로 분리하는 일을 하다 보면 새벽에 야식으로 컵라면을 주는데 평소와 다르게 왜 그리 맛있는지 잊지 못할 추억이 됐다.

사람을 대하는 기반을 다지다

군대 입소가 늦어지면서 한 살이라도 더 먹기 전에 군대에 빨리 다녀오고 싶었다. 스물한 살에 하는 것도 없이 시간만 축낼 수 없다고 생각했고, 육군은 계속 대기자가 밀려 있어서 바로 입대할 수가 없었다. 그래서 지원할 수 있는 곳을 알아보니 의경이란 군 제도가 있었다. 지원할 당시만 해도 전역 후 경찰공무원으로 진로의 뜻이 있었기 때문에 서류전형에서 가산점이 있어 손해는 아닐 거란 생각에 자원입대하게 됐다.

또 서울로 대학교를 진학하지 못해 서울에서 생활을 해보고 싶었다. 지하철을 이용해본 적이 없어서 늘 지하철을 타보고 싶은 로망이 마음속에 있었다. 더군다나 의경에 합격하면 서울 곳곳의 보초를 서며 구경할 수 있다는 정보를 친형에게 전해 들었고, 친형도 의경에 합격해 서울역 앞에서 매일 서울 생활과 밀접하게 있다는 것이었다.

나는 의경에 합격하고 3개월이 지나자 이 정보가 잘못된 정보라는 것을 알았고 남자들이 의경이든 군대든 왜 가기 싫어하는지 이유를 알 수 있었다. 첫 휴가는 보통 14박 15일 정도인데 나는 자대배치 후 1년이 흘러서야 나갈 수 있었다. 보통은 자대배치 후 6개월이면 나가는데 기수가 꼬여 앞에 휴가 대기자가 많아 늦어졌기 때문이었다.

나는 첫 휴가에 고향에 내려가지 않고 서울 논현동에 거주하고 있는 친형 집에 머무르면서 서울에서 알바를 했다. 지하철역 앞에서 지나가는 사람들에게 신규 오픈한 기 수련 무도관의 전단지를 나눠주는 일이었다. 지하철에 대한 로망이 있던 나는 오히려 그 시간이 행복했다.

지나가는 행인 한 명, 한 명마다 친절히 인사하며 전단지를 건네주면 그래도 내 앞에서 버리는 사람은 없었다. 사실 이때 전단지를 돌리면서 부끄러움이 있었지만 조금씩 타인에게 다가가는 훈련을 할 수 있었던 것 같다. 이때 일과 돈에 대한 생각을 차츰 시작하게 됐다.

돈 버는 방식에 눈뜨다

나는 제대할 때까지 달리 직업이나 목표를 정한 게 없어 고향에서 경찰공무원 시험을 준비하려고 했다. 그래서 전역한 날, 고향으로 내려가기 위해 기차를 타러 가기 전 노량진에 들러 경찰공무원 관련 책들을 구입했다. 고향에 내려가 며칠이 흐른 뒤 사촌 형하고 밥을 먹으며 미래에 대해 이런저런 얘기를 나누던 중 형이 하는 말이 문과생의 최고 직업으로 꼽는 것은 교대이고 이과생은 의대라면서 자신은 의대 진학을 위해 재수를 하겠다는 것이다.

그때 난 경찰공무원보다는 교사가 될 수 있다면 교사가 되고 싶었다. 이유는 월급보다는 근무시간이 좋아서였다. 경찰공무원은 근무시간이 3교대에다가 휴일도 적었기 때문이었다.

반면 교사는 주 5일 근무에 방학에도 쉴 수가 있으니 환경이 더 좋아 보였다. 이렇게 직업에 대한 진로를 바꾸고 형과 함께 노량진으로 향했다. 군대에서 모은 월급과 알바비로 내가 공부할 수 있는 기간은 3개월이었다. 그 이후는 고향으로 내려가 인터넷 강의를 들으며 수업을 이어나갈 생각이었다.

3개월이란 시간이 지나고 고향에 내려가기 전 고등학교 친구 중에 교대 진학 후 임용고시에 합격해 영등포초등학교에서 교사로 일하고 있는 친구와 저녁을 먹었다. 친구와 저녁을 먹으면서 교대에 관한 이야기, 교사로서의 삶의 이야기 등 궁금한 것들을 물어보면서 곧 그 미래가 나에게도 펼쳐질 거란 꿈을 되새기며 희망을 품고 고향으로 내려갔다.

난 또다시 생활비와 강의료를 구하기 위해 구인 모집 공고를 알아봤다. 구인 공고를 보며 내가 크게 염두에 둔 기준은 학교 다닐 때와 똑같은 패턴을 유지하는 것이었다. 그래서 낮에 인터넷 강의를 들으며 학업에 집중하고 저녁에 할 수 있는 알바를 찾았다. 구인 광고 속에서도 학원 일자리가 많이 보였다. 학원 수업은 내 학업에도 도움이 될 거 같아서 지원하게 되었고 무경력이라 채용이 안 될 줄 알았는데 다행히 선생님 채용이 어렵던 시기라 학생 신분도, 취업 준비생 신분도 아닌 내가 처음으로 강사 일을 하게 되었다.

학원에서 일을 시작한 후 어느 날 사촌 형을 또 만나게 됐는데, 형이 호주로 워킹홀리데이를 간다며 현재 자신이 과외하고 있는 아이를 인계해줄 테니 과외를 맡아달라는 것이었다. 가정방문 형태로 한 명만 지도하면 되는데, 일주일에 두 번만 가면 된다고 했다. 난 잘 받으면 15만 원 정도겠거니 했는데 형이 얘기한 액수는 날 놀라게 했다. 무려 45만 원을 받는다는 것이다.

순간 이런 의문이 들었다. 지금 학원에서는 4시간씩 5일을 일하고 파트타임으로 80만 원을 받는데 과외는 일주일에 두 번만 일하고 45만 원을 번다고? 그럼 과외를 여러 명 모아서 학원 형태로 운영하면 200만 원 이상 벌 수 있지 않을까? 이 생각들이 내 머릿속에서 구체화되기 시작했다.

행동의 힘이 깨어나다

스물네 살, 처음으로 나 자신을 진정으로 들여다보고 되짚어보며 스스로에 대해 고민했던 거 같다. 그전까진 어떻게 성적이 오를까? 국어나 영어를 잘하는 방법은 무엇일까? 등 오로지 학업에 대한 것만 생각했다. 하지만 지속적으로 돈을 벌다 보니 이런 질문들이 생겨났다.

'내가 왜 공부를 하고 있지?', '내가 왜 교대로 진로를 바꾸었지?', '교대를 왜 가려고 했지?', '교대를 진학하지 않고도 현재 돈을 벌고 있는데 직업을 내가 만들면 안 되나?'

내가 내린 결론은 결국 직업을 얻어서 '돈'을 버는 것이었다. 돈을 벌기 위해 의사도 되고 싶고, 교사도 되고 싶고, 경찰공무원도 되고 싶었던 거다. 그러자 다시 이런 생각들이 떠올랐다.

'그럼 돈을 벌기 위해 지금 수능 준비 중인 내가 교대 진학을 확실히 할 수 있을까?', '교대 진학을 스물다섯 살에 한다면 6년 안에 임용고시에 합격할 수 있을까?', '대학교 등록금을 마련할 수 있을까?', '임용 후 서른 살이 되어서 교사 월급으로 내가 보상받았다는 생각이 들까?'

이런 질문들의 대답은 노량진에서 내려오기 전 교사 친구와 나누었던 대화가 도움이 되었다. 그때의 이야기를 되새기며 질문들에 답을 찾아가는데 교대 진학을 위해 수능 공부를 하는 것은 아니라는 결론을 내렸다. 이때부터 학업이 아닌 돈에 관해 공부해보기로 다짐하고 내가 생각할 수 있는 돈 버는 방법은 무엇이든 행동해보기로 다짐했다. 이렇게 일차적으로 불 꺼진 방 안에서 이틀에 걸쳐 혼자만의 생각과 의사로 성찰하며 찾은 내 인생의 진로를 정한 뒤부터 내 행동력은 달라지기 시작했다.

나의 행동의 힘은 나를 잠시도 가만 있게 하질 않았다. 기존 시간강사 일을 그만두게 했다. 그룹으로 소수 과외를 하면 더 잘 벌 수 있을 거란 생각이 들어 초등학교 앞 교습소를 재임대해 그룹 과외로 아이들을 모집하고 밤에 운영하게 했다. 낮에는 포기한 학업 대신 남은 시간을 초등부 대상으로 학습지 회사에 취직해 학습지를 판매하게 만들었다.

취업 수난 시대, 뜨거운 행동력으로 헤쳐나가라

일단 닭장 안에서 나와라

나는 이야기에 앞서 결단의 중요성을 강조하고 싶다. 결단이야말로 성공으로 가는 시작점이자 열쇠이기 때문이다. 나는 스물다섯 살에 '돈'을 삶의 우선순위로 삼기로 결단했다. 그러고 나서 삶의 목표 또한 '돈을 버는 것'으로 정했다. 목표를 좀 더 구체화시키기 위해 메모지를 꺼내 들고 내가 가지고 싶은 것들을 적어보았다.

사람이 살아가려면 의식주가 상당히 중요한데, 평소 나는 그중에서도 의류비와 식비보다는 주거가 더 중요하다고 생각하며 살았다. 그래서 주거에 관한 것을 제일 먼저 목표로 적었다. 당시 아파트에서 한 번도 살아본 적이 없어서 아파트의 편리함이나 안전성을 모르고 있었기에 난 전원주택에서 조용히 살기를 희망했다.

단독주택을 짓기 위해서는 땅이 필요했다. 그래서 '5년 안에 집 지을 땅 사기'라고 첫 번째 목표를 적었다. 그다음은 일하면서 매달 수입이 500만 원 이상이 되었으면 좋겠어서 '5년 뒤 매월 500만 원 벌기'라고 적었다. 이렇게 내가 이루고 싶은 목표들을 정리해 명함집에 넣고 다니며 수시로 보고 분명 이룰 수 있을 것이라고 상상했다.

- 5년 안에 집 지을 땅 사기
- 5년 뒤 매월 500만 원 벌기

적은 대로 이루어진다

미래의 시작은 결단에서부터 출발한다. 특출한 면이 전혀 없던 나의 시작은 결단과 가지고 싶은 것을 적은 메모지가 다였다. 진정으로 원하는 것이 무엇인지 알기 위해 나 자신과 대화할 시간을 가졌고, 내가 살아갈 길을 선택하고 목표한 것을 메모지에 적은 뒤 상상을 하기 시작한 게 전부였다.

목표를 달성할 수 있는 방법은 몰라도 괜찮다. 위 두 가지를 먼저 행동하면 방법은 스스로 찾게 된다. 대부분 자수성가형 부자들은 꿈과 목표에 집중했을 뿐 처음부터 달성하는 방법을 알았던 건 아니라고 입을 모아 얘기한다. 여러분도 마음의 준비를 하고 아래의 빈칸을 채워 넣자. 미래의 성공을 위해 나 자신과 약속을 하는 것이다. 채울 문구가 많을수록 스스로 이루고자 하는 목표가 많은 것이고 자신만의 버킷리스트가 되는 것이다.

나는 __________까지 __________가질 것 / 이룰 것이다.

나는 __________까지 __________가질 것 / 이룰 것이다.

나는 __________까지 __________가질 것 / 이룰 것이다.

나는 __________까지 __________가질 것 / 이룰 것이다.

나는 __________까지 __________가질 것 / 이룰 것이다.

"네가 양 씨냐? 양, 가만 받아오게?"

많은 사람의 머릿속에는 고정관념이 자리 잡고 있다. 그것도 아주 깊게 뿌리박혀 있다. 그 고정관념이 성공의 앞길을 막는다. 대표적인 고정관념으로는 학교 공부에 흥미가 없거나 공부를 못했던 사람은 사회적·경제적으로 성공하기 어렵다는 생각인데 이는 사실과 다르다.

학창 시절 성적표가 사회의 성공까지 보장하지 않는다. 학업 능력과 사회 능력은 다르다. 학업 능력은 지식을 배우는 데 초점이 맞춰져 있고 사회 능력은 고객에게 초점이 맞춰져 있다. 대부분 학교 교육의 연장으로 생각하고 지식을 채우는 데만 집중하고 그것이 곧 성장이라고 믿는다. 대부분이 이러한 지식 위주의 공부로 인해 오히려 자신에게 독이 되어 화살로 돌아오는 실수를 범하게 된다.

나 또한 학창시절에 학업능력이 떨어졌던 사람이라 사회에서 성공하지 못한 패배자로 살아갈 것이라고 생각했다. 초등학교부터 중학교 1년까지는 학업에 매진하지 않았다. 친구들과 노는 것이 더 재미있었고 만화책 보는 게, 산과 들판을 뛰어다니는 게 행복했다. 항상 시험을 보고 성적표를 받아보면 '양', '가'만 보였다. 오죽하면 아버지가 "네 성이 양 씨냐? 양, 가만 받아오게?"라고 한탄을 하셨을까. 그만큼 난 학교 공부에는 관심이 없었다.

럭키 7, 내가 7등이라고?

내가 처음으로 공부에 관심을 가진 때는 중학교 2학년이 돼서다. 우리 마을에는 미신처럼 내려오는 이야기가 있었는데 바로 고등학교 진학 문제였다. 내 고향은 충청남도 대천인데, 여기에 있는 대천고등학교를 졸업하지 않으면 지역사회에서 사람 취급을 못 받는다는 것이다. 성공한 지역 사람들은 다 대천고를 졸업했다고 한다.

고등학교 진학은 시험을 통해 이뤄졌는데 관내의 모든 중학생의 목표는 대천고등학교에 진학을 하는 것이었다. 이미 난 성적도 하위권이고 공부에도 관심이 없었는데, 아버지는 나에게 대천고등학교에 입학할 것을 간절하게 부탁하셨다. 죽은 사람 소원도 들어준다고 하는데 산 사람 소원 못 들어주겠냐 싶어 공부하는 척이라도 했다.

중학교 2학년 1학기 기말고사 후 성적표를 받아보고는 내 눈을 의심했다. 성적표가 바뀌었나? 몇 번이고 이름과 성적표와 등수를 확인해보았다. 성적표에 적힌 숫자는 한국인이 좋아하는 럭키 '7'이었다. '내가 7등이라고?' 난 지금껏 느껴보지 못할 희열을 느꼈다. 성적표를 받아간 그날, 우리 가족은 삼겹살을 먹었고 부모님은 나를 자랑스러워하셨다.

나는 이날을 기점으로 학업에 관심을 가지고 죽기 살기로 공부해 대천고등학교 시험을 치를 수 있는 자격을 획득했다. 참고로 시험을 치르기 위해서는 다니는 중학교에서 전교 등수가 상위권이어야만 가능했다. 불합격이 된 학생은 다른 지방에 있는 고등학교에 다녀야만 했다. 조마조마한 심정으로 통지를 기다렸는데 다행히 '합격'이 적힌 통지서를 받았다.

코피 쏟아가며 받은 점수가 고작 178점

기쁜 마음으로 고등학교에 진학했지만, 점점 시간이 갈수록 나의 자존감은 바닥을 쳤다. 고등학교 1학년 첫 중간고사 때는 다들 입학한 지 얼마 지나지 않았던 터라 서로 잘 모를 때였다. 내가 하루 종일 화장실도 안 가고 밥도 먹으러 안 다니고, 등·하교할 때도 영어 단어를 외우고 다니는 모습을 보고 우스갯소리로 내가 전교 1등인 줄 알았다는 친구들이 많았다.

그런데 막상 시험을 보고 성적표가 공개된 후 친구들은 의아해했다. 38명 정도 학급에서 내 등수는 33등 정도였기 때문이다. 하물며 그 안에는 운동부도 있었고 공부를 아예 안 하는 친구도 있었다. 대체 난 뭘 공부한 걸까?

단기간에 중학교 성적이 올라 똑똑하다는 착각을 한 건 아니지만 성적이 올라 공부에 흥미가 생겨 노력했고, 그 노력은 나를 배신하지 않았었다. 그런데 고등학교 수업은 내 머릿속에 채우기에 양이 너무 많았다. 기초가 안 되어 있으니 진도를 따라갈 수가 없었다. 그래도 '하면 된다'라는 가훈으로 도전을 멈추지 않았고 코피를 쏟아가며 학업에 매진했다.

힘겹게 지식을 채우는 공부를 3년간 하고 내가 받은 성적표는 수능 400점 만점 중 178점이었던 걸로 기억한다. 어쩌면 그 이하일 수도 있다. 내가 선택해서 갈 수 있는 4년제 대학교는 없었으며 예비후보로 합격한 전문대학교에서 등록을 취소한 학생이 있어 겨우 대학교란 곳을 가게 되었다.

이처럼 나는 학업에 소질이 없었다. 그래서 앞으로도 실패자로 살아가게 될 것 같았다. 하지만 사회는 학력과 자격증 대신 연 수입이 그 사람의 경제적 가치를 판단하는 지표로 활용되고 있었다. 학업성적이 아닌 사회 성적으로 승부를 볼 때였다. 학업 능력은 기존에 있던 지식과 정보를 정리해 오류 없이 문제에 신속하게 대응하는 능력이며 암기력과 논리적인 사고와 관계가 있다. 만약 학업 능력을 키우고자 한다면 공부만으로도 문제 없겠으나 사회는 아니다. 사회 능력은 능동적인 행동력이 절실히 필요하다!

평범한 사람도 100억 원 벌 수 있다

'로켓배송'과 '새벽배송', 이 두 단어는 쿠팡을 대표하는 키워드들이다. 쿠팡은 빠른 배송 서비스로 많은 소비자들의 마음을 사로잡았다. 쿠팡은 '소프트뱅크 손정의 회장의 잘못된 투자인가?'라는 꼬리표가 따라다니기도 했었다. 하지만 현재 웹사이트에 쿠팡 매출을 검색해보면 깜짝 놀라게 된다. 여러 기사에 영업적자 규모가 2018년 1조 1279억 원에서 지난해 7205억 원으로 대폭 감소했고, 2017년 대비 매출이 95퍼센트 이상 상승하고, 2019년 매출이 17조 원이며 2020년 월 매출 1조 원을 달성한 기업이라고 쓰여 있다.

국내 투자분석가들의 분석 자료를 보면 쿠팡이 이렇게 누적 적자가 줄어들고 매출이 커진 것은, 27개였던 쿠팡 배송센터를 168개까지 늘려 '규모의 경제' 효과를 봤기 때문이라고 한다. 앞으로 2023년이면 흑자로 돌아설 것으로 전망하고 있다. 대한민국 사람이면 쿠팡에서 구매를 안 해본 사람은 없을 것 같다. 우리 회사만 보더라도 경리부에서 급하게 필요한 물건이 있으면 문구점에 가는 대신 쿠팡에 주문한다.

아마 쿠팡이 '한국의 아마존'이라고 불리는 것에 대해 이의를 제기할 사람은 없어 보인다.

쿠팡을 창업한 김범석 대표는 미국 하버드 대학교를 졸업한 후 보스턴컨설팅그룹을 거쳐 하버드 경영대학원까지 졸업했다. 이렇듯 비범한 사람은 출발점 자체가 다른 것 같다. 그럼 평범한 우리가 100억 원의 플레이어가 되고 부자로 성공하려면 어떻게 해야 될까? 정답은 바로 '모방'이다. 성공으로 가는 가장 빠른 길은 성공한 사람을 따라 하는 것이다.

나는 《부자 아빠 가난한 아빠》의 저자인 로버트 기요사키처럼 가치관을 정립하고 그를 따라하고 싶었다. 모방의 효과를 극대화해 나만의 전문성을 가미한다면 자신의 분야에서 부가가치를 창출해낼 수 있다.

나만의 화법으로 돌파구를 찾다

내가 미래에셋생명 보험업에 종사할 때 일했던 모습을 잠시 살펴보면 나의 성공 원칙은 내 사수를 모방하는 것이었다. 그래서 사수가 고객에게 설명하는 방식을 보고 되새기면서 롤플레잉 연습을 했다. 그러나 내 설명으로는 뜻대로 계약이 성사되지 않았다. 그분은 가망 고객을 만나면 원 프레젠테이션, 원 클로징 즉 한 번 설명하고 바로 그 자리에서 계약을 체결하는 타입이었다. 입사하고 난 뒤 안 사실이지만 그분은 우리 지점에서 실적이 가장 좋았고 해마다 억대 연봉의 급여를 수령하고 있었다.

나는 '난 왜 안 되지?', '왜 한 번에 계약을 체결할 수가 없지?' 등 나의 프레젠테이션 방식을 놓고 고민에 고민을 거듭했다. '현재 나의 방식은 판촉물을 나누어주고 상품에 관해서만 설명한다. 하지만 마무리를 지어주지 않는다. 결과를 보면 고객은 스스로 가입하지 않는다. 우리가 수저를 들고 고객 입속까지 가져가야 한다.' 등 여러 고민을 한 후 내 나름대로 내린 결론은 바로 '양자택일' 화법이었다. 나는 그 무엇보다 마지막 화법이 중요하다는 생각이 들었고 다음과 같이 화법을 바꿨다.

"OOO 고객님, 당장 지출도 많으시고 생명보험에 가입할 여력이 없으시다는 거 잘 알고 있습니다. 하지만 노후에 국민연금만으로는 은퇴 후 삶을 보장받으실 수 없다는 거 알고 계시죠? 물론, 지금 건강하시니깐 보험에 가입할 이유가 없다는 것도 알고 있습니다. 하지만 보험은 아픈 사람에게는 가입이 되지 않습니다. 그래서 제가 찾아온 겁니다. 저희 상품은 고객님께서 아프시거나 다치시면 보험금이 지급도 되지만, 60세까지 건강하시면 연금으로 전환해 연금 재원으로도 사용 가능하십니다. 이번에 저랑 같이 준비해보시지 않겠습니까?"

이후 나는 가입 의사가 있으면 더 설명하고 가입 의사가 없으면 다음 고객을 발굴하러 이동했다. 화법 외에도 나만의 무기를 더 개발하기 위해 세일즈 관련 책을 사서 읽거나 관련 강의가 있으면 서울까지 찾아가 직접 들었고 적용해보았다. 세일즈는 시간이 생명이다. 마감 기간이 정해져 있고 실적이 없으면 다음 달 급여가 없다. 항상 마감에 쫓겨야 하기 때문에 시간을 잘 분배해서 활용해야 한다.

우리는 모두 성공하고 싶은 욕망을 가지고 있다

정보를 소비할 것인가, 소득을 창출할 것인가

배움은 어디에서 익힐 수 있을까? 내가 생각하기에 가장 편리하게 무상으로 익힐 수 있는 방법은 인터넷과 스마트폰이 아닌가 싶다.

페이스북, 인스타그램, 각종 SNS 탐방은 현대인의 필수 취미 생활이 되었다. 하지만 세상에 공짜가 없는 것처럼 사실 유튜브에 올라오는 영상들을 우리가 시청함으로써 크리에이터들의 수입을 창출해주고 있는 셈이다. 광고를 포함한 영상 콘텐츠를 시청하면 발생하는 수익이 유튜브와 크리에이터에게 돌아가기 때문이다. 만약 우리가 하루에 누군가의 콘텐츠를 1시간 시청한다고 가정하면 한 달에 30시간, 1년에 360시간을 무임금으로 일해주고 있는 셈이다.

정보가 폭포처럼 쏟아지고 있는 현대사회에는 정보를 소비하는 사람과 정보를 활용해 수익을 얻는 사람이 있다. 내가 말하고자 하는 바는 SNS를 소비로 끝내는 게 아니라 정보를 수집하여 고객에게 새로운 가치를 제공하고 당신도 수입을 얻는 사람이 될 수 있다는 것이다.

나는 부동산이 부자가 되는 방법 중 하나라고 생각한다. 그래서 시간을 쪼개 부동산 등 관심 있는 분야나 나의 부족한 부분에 관한 영상을 찾아본다. 평소 출장이 잦다는 점을 이용해 자차로 이동할 때 강의 영상을 보기 위해 노력한다.

그렇게 공부하다 알게 된 것 중 하나는 부동산에서는 얼마만큼 해당 물건을 싸게 사서 비싸게 파느냐가 관건이라는 것이다. 이것은 주식에서도 적용된다. 또 부동산을 싸게 사는 비결은 바로 경매 또는 공매라는 제도를 활용하는 것이다.

만약 나처럼 부동산 분야에 관심이 있다면 이 분야도 요즘 유튜브 채널에 많이 활성화되어 있으니 시청한 후 실제로 투자해보거나 나만의 콘텐츠를 만든다면 성공에 한 발짝 더 다가갈 수 있으리라고 본다.

비가 내리던 날 양념치킨이 쏘아 올린 소망

어릴 적 아버지가 탄광 일을 그만두시고 전라북도 군산으로 일을 배우러 간다고 가족회의를 하셨다. 부모님이 맞벌이를 하셨기 때문에 나와 형은 어릴 때 할머니와 많은 시간을 보냈고, 그만큼 가족이 다함께 보내는 시간이 적었다. 그때마다 부모님의 빈자리가 크게 느껴졌었다. 그래서 형과 함께 아버지의 이직을 반대했다. 하지만 입에 풀칠이라도 해야 했는지 아버지는 결국 이직하셨고 어머니는 매일 아침 식당으로 출근을 하셨다.

어머니는 아침 출근으로 바쁘셨지만 늘 도시락을 싸주셨다. 지금은 학교에 급식 제도가 있다. 하지만 내가 어렸을 땐 누구나 집에서 도시락을 싸가지고 다녔다. 그때 기억을 떠올려보면 매일 가져가는 반찬들이 있었다. 그 반찬은 콩자반, 진미채 이 두 가지다. 어릴 적에 너무 질리도록 먹어서인지 지금도 그 반찬들은 안 먹는다. 또 매일 가져가는 반찬이 똑같다 보니 친구들과 어울려 먹기가 부끄러웠다. 그래서 마음속에 '나중에 커서 고기를 마음껏 먹어보고 싶다'라는 욕망이 컸었다.

요즘은 주변에서 치킨집을 쉽게 볼 수 있다. 하지만 20년 전에는 쉽게 볼 수 없었다. 외식도 현재는 편하게 할 수 있지만 과거에는 한 달에 한 번 정해놓고 했었다. 아버지 월급날이 아니면 고기를 먹을 수 없었다. 아버지가 군산에서 일을 마치고 집으로 올라오시는 날은 달력에 빨간색으로 동그라미를 그려놓고 놀러도 안 가고 집에만 있었다.

아버지가 군산에서 일을 마치고 오시는 어느 날, 장마 기간이라 비가 억수로 많이 내렸다. 아버지가 우산이 없으셔서 역에 도착하면 공중전화로 집에 전화하실 것 같았다. 전화벨이 울리면 우산을 들고 역으로 마중을 나가야겠다고 생각했다. 예상대로 벨은 울렸고 아버지가 마중을 나와줄 수 있냐고 묻는데, 장소가 역이 아니라 치킨집이었다. 우리 동네에 있는 유일무이한 멕시칸 치킨집이었다.

마중을 나가보니 이미 맛있는 치킨이 포장되어 있었고 역부터 치킨집까지 뛰어오셨는지 아버지 옷은 이미 다 젖어 있었다. 지금까지 살아오면서 나는 이날 먹은 치킨이 내 생애에서 가장 맛있는 치킨으로 기억에 남아 있다. 또한 이날은 내가 커서 성공하면 매일 치킨을 먹겠다는 소망을 마음속에 새긴 날이기도 하다.

친척들에게 보여주고 싶었던 나의 성공

어릴 적에 명절날이면 가족들이 다 같이 모여 조상님들께 드릴 제사 음식을 했던 것이 기억난다. 우리 집안은 시골에서 할아버지 제사를 지냈었는데, 시골에서 벗어나 아들들이 제사를 가져와서 지내자는 얘기가 차츰 나오기 시작했다. 시작은 좋았는데 시간이 지날수록 큰 목소리들이 새어 나왔다.

내가 중학생이 되었을 때쯤에는 가족끼리도 편이 갈렸다. 제사로 인해 형제들끼리도 다투고 얼굴도 보지 않는 일이 벌어져 당시 나는 그런 우리 집안이 이해가 가질 않았다. 지금은 제사를 지내지 않지만, 당시에는 제사로 인한 가족 간의 다툼이 창피해 주변 사람들에게는 말도 하지 못했었다.

또 한가지, 해마다 명절이 돌아오면 불편했던 것이 있었다. 친척 내외가 다 모이는 자리면 자녀들의 학교 점수와 등수가 꼭 나오는 단골 소재였다. 난 중학교 1학년까지 공부를 하지 않아 항상 점수가 하위권이었고 아버지는 나에 대해 자랑할 게 없으셨는지 묵묵히 술잔만 기울이셨다. 삼촌들에게 난 내 가치를 점수로만 평가받았다. 반대로 삼촌들의 자녀들은 공부를 잘했다. 삼촌들의 자랑은 끝이 없었고 난 관심도 없는 공부로 경쟁 아닌 경쟁의식이 자리 잡았다. 그래서 굳이 학업이 아니더라도 다른 방법으로도 성공할 수 있다는 마음이 20대에 성공하고 싶은 욕망의 근원이 되었다.

친척들이 '좋은 대학교에 못 가면 좋은 직장도 얻지 못한다', '너 커서 뭐가 될래?' 이렇게 흘려서 얘기하실 때마다 인생의 실패자가 된 기분이었다. 솔직히 난 내가 커서 되고 싶은 것도 없었다. 꿈도 없는데 매번 저렇게 얘기할 때마다 스트레스가 장난 아니었다. 스물네 살에 교대 진학을 포기하기로 마음먹었던 날 내가 못하는 분야에 매진하는 것보다는 내가 잘하는 분야를 개척해보자는 마음이었다. 이미 고등학교 3년간 내 모든 것을 쏟아부었지만 4년제 대학 진학에 실패했었고 점수에 맞춰 들어간 전문대학도 의경을 마치고는 중퇴한 상태였다.

하지만 스물넷, 또래들은 대학 등록금을 부모님에게 받거나 학자금 대출을 받으며 직업을 얻기 위해 고군분투 중이었고, 난 대학교는 다니지 않았어도 돈을 벌고 있었다. 그리고 여기서 더 집중하면 수입도 더 늘어날 것 같았다. 난 내가 좋아하는 게 돈에 대해 알아가는 것이라는 걸 깨달았고, 돈 버는 일이 재미있었다. 그래서 많은 일에 계속해서 도전하게 됐다.

절실함이 부족했던 성공 욕망

그러던 어느 날 고향 친구와 저녁 약속이 있어 만나 얘기를 나누던 중 자신이 다니고 있는 어린이집을 그만두고 싶다는 말을 들었다. 이유는 아이들은 좋은데 원장님 눈치가 심하기도 하고 평소에 옷도 좋아하기 때문에 보세 의류를 시작해보고 싶다는 것이다.

내가 봐도 그 친구는 의류 사업이랑 잘 어울려 보였다. 옷도 좋아하고 잘 입었고 옷에 흥미를 많이 가지고 있었기 때문이다. 내가 해줄 수 있는 조언은 '행동해라'가 전부였다.

며칠 후 그 친구와 통화를 하게 됐다. 어린이집을 그만두고 의류 창업을 준비 중인지 물어봤지만 알아볼 시간이 부족하다고 했다. 결국 머릿속으로 생각은 하고 있지만 행동으로는 실천하고 있지 않은 것이다.

나는 행동이 반복되다 보면 습관이 되고 습관이 자리 잡고 나면 일상이 된다고 생각한다. 그리고 작은 행동들이 모여 체득화되면 더 큰 의사결정을 할 때 좀 더 빠른 결정을 내리고 행동할 수 있게 된다. 친구에게는 꿈에 대한 절박함이 부족해 보였다.

성공의 출발점인 결정을 하기 위해서는 절실함이 꼭 필요하다. 그 친구는 아직도 원장에 대한 불만을 토로하며 여전히 어린이집을 다니고 있다. 작은 것이라도 행동을 해야 변화가 생긴다. 생각으로만 당신의 인생을 단정 짓지 마라. 머릿속에 있는 수많은 생각은 생각일 뿐이다. 나는 당신에게 묻고 싶다.

"당신의 삶은 하루하루 변화가 있는 삶인가요?"

나는 생각한 대로 행동할 수 있는 사람인가

정해진 인생 진로에 숨 막히다

어릴 적 내가 좋아하는 것은 놀이었다. 그 놀이는 잠자리 잡기, 매미 잡기, 논두렁에 가서 미꾸라지 잡는 일이었다. 학교에서 숙제를 내주면 숙제하기보다는 오락실에 가서 전자 오락을 즐기는 것이 더 좋았다. 부모님은 자신들이 어릴 적에 집이 가난해서 잘 못 먹고 학업도 다 마칠 수가 없었다고 했다. 그래서 우리 형제들에게는 부탁하기를 학교 공부만은 힘이 닿는 데까지 해줄 테니 제발 공부 좀 열심히 하라고 말씀하셨다.

하지만 어린 시절에 나는 공부를 왜 해야 하는지 몰랐다. 학교는 나에게 있어 그저 친구들과 노는 놀이터 같은 공간일 뿐이었다. 이런 습관이 남아 있어서인지 아니면 내가 재능이 없어서인지는 몰라도 성인이 되어서도 좋아하는 일로 진로를 찾기가 힘들었다.

이유는 취업을 위해 다시 학교 공부를 하고 대학교에 진학해야 하는 인생 진로가 날 숨 막히게 했다. 이미 고등학교 수험 시절 나의 모든 열정을 다 불태워봤기에 더이상 학교 공부에는 미련이 없었다. 다행히 20대 초반에 인생 목표를 '좋은 대학교 가기', '좋은 회사 취직하기'에서 '부자 되기'로 바꿔 좋아하는 일을 찾아서 도전해볼 수 있었다.

하지만 좋아한다고 해서 그 일을 처음부터 잘하지는 못한다. 그 분야의 전문가가 되기 위해서는 지속적으로 공부하고 행동해보아야 전문가로 인정받을 수 있다. 많은 젊은이가 이런 고민을 자주 할 것 같다. '내가 좋아하는 일을 해야 하나?', '내가 잘하는 걸 해야 하나?' 내가 보기엔 그냥 좋아하는 일을 시작하고 견디면 그 분야에서 잘하게 될 수밖에 없는 것 같다.

물론 일을 하다 보면 일의 매너리즘에 빠지게 되고 딜레마의 순간이 온다. 딜레마의 순간이 온다면 정말 좋아서 시작한 일인지 생각해보기를 바란다. 일단 굳이 좋아하는 일과 잘하는 일 중에서 고민이 된다면 그리고 전제 조건이 20대에 처음 시작하는 일이라면 좋아하는 일을 시작해보라고 권하고 싶고, 다방면에서 경험을 쌓았다면 좋아하는 일보다는 잘하는 일을 선택하라고 권하고 싶다.

내 인생의 주인공은 누구인가

우리는 입시가 끝나고 수능점수가 나오면 성적에 맞춰 대학교를 선택하고는 한다. 누군가는 해당 등급이 나와서 자신이 원하는 대학교에 원서를 넣어볼 수 있고, 누군가는 점수가 생각보다 잘 나오지 않아서 원하는 대학교에 지원해보지 못할 수 있다.

학창 시절 들은 말 중에 '행복은 성적순이 아니다'라는 말이 떠오른다. 우리는 점수의 결과로 자신의 인생을 미리 '성공했다', '실패했다'로 결정해버리고 만다. 나는 주입식 교육이 우리나라 교육 시스템의 맹점이라고 생각한다. 나 또한 주입식 교육을 받은 한 학생으로서 성장해가며 상상력이 더해가기는커녕 나도 모르는 사이 스스로 한계를 정해버리고 말았다.

취직이라는 한 곳만 보면 선택이 폭이 좁아진다. 일의 가치로 보면 선택의 폭이 넓어진다. 일을 선택할 때 핵심은 가치에 있다. 대기업에 취직하여 돈을 벌 수도 있고, 의사가 되거나 변호사가 되어 돈을 벌 수도 있다. 또 회사를 세워서 벌 수도 있고 아니면 투자를 해서 돈을 벌 수도 있다.

지금 자신이 하는 일에 회의감을 느낀다거나 재미를 느끼지 못한다면 조용히 방 안 또는 혼자만의 시간을 가질 수 있는 공간에서 명상하면서 자기 자신과 대화의 시간을 가져보기를 권한다. 자신의 내면과 대화를 나누어라. '내 인생의 주연으로 살 것인지?', '타인의 삶의 조연으로 살 것인지?'

자유를 희망하는가

충남 보령의 대천해수욕장 바닷가에는 작은 놀이공원이 있다. 놀이공원이 유명하여 수학여행도 바닷가로 가곤 했었다. 돈이 없어 남들은 자유여행권을 끊어서 자유롭게 탈 수 있을 때 나는 하나의 기구밖에 탈 수가 없었다. 내 이용권은 가장 인기 있는 '바이킹'을 타는 데 사용되었다. 처음에는 바이킹이 안전 보호대가 있음에도 떨어질 수도 있다는 불안감으로 타기가 싫었다. 하지만 매번 수학여행을 가면 항상 타다 보니 어느 순간 안정감이 들었는지 자연스럽게 어울려 탈 수 있었다.

무의식적으로 불안해하고 무서워했던 것도 익숙해지면 처음의 불안감이나 무서움이 안도감으로 바뀐다. 그 내재적인 불안 요소는 가지고 있는 채 말이다.

친구 중에 자동차 바퀴를 만드는 회사를 10년째 다니고 있는 친구가 있다. 이 친구는 프라모델 조립을 좋아한다. 같이 저녁을 먹을 때면 그 친구는 늘 회사의 반복적인 일에 회의를 느낀다면서 그만둔 후 자신이 좋아하는 일을 하고 싶다고 했다. 하지만 막상 회사를 박차고 나올 용기는 없다고 했다. 이유를 물어보면 좋아하는 일을 시작하게 되면 지금 받는 월급만큼 벌 수 없을 것 같다는 것이다.

나는 친구가 욕심이 많아 보였다. 무슨 일이든 잘하기 전까지 늘 많은 기회비용이 들어가는데 처음부터 다 가지려고 하니까 말이다. 내가 좋아하는 일을 한다는 것은 자유를 찾아가는 여정이다. 그 친구는 매달 들어오는 월급으로 안정감을 느끼고 있지만 그만두었을 때 월급이 들어오지 않는다는 무서움으로 자유를 찾는 행동을 하지 않는다. 자유에는 책임과 비용이 필요하다. 세상에 공짜는 없다. 내가 누구인지, 내가 생각한 대로 행동할 수 있는 삶인지 여러분도 한번 생각해 보기 바란다.

한번 태어난 인생, 의미 있는 삶을 살아야 한다

호랑이는 가죽을 남기고 사람은 이름을 남긴다

태어나서 삶의 의미를 찾기란 생각보다 어렵다. 10대는 학업에 빠져 고민하고 20대는 진로에 대해 고민하고 30대는 사회에 적응하느라 자신을 돌아볼 여유가 점점 없어진다.

나 또한 20대에 삶의 방향도 모른 채 하루하루 주어진 일만 하느라 여유가 없었다. 그러다 문득 주위가 고요하고 잠이 오지 않을 때면 '나란 존재가 무엇일까?'에 관한 생각에 고민할 때가 많았다. 그래서 어느 날은 종교에 답이 있을까 싶어 각 종교의 교리도 찾아봤었다. 하지만 종교가 내 현실을 바꿔

주지는 못했다.

TV에서 성공한 연예인을 보면 고급 주택에 거주하고 고급 승용차를 운전하는 모습이 부러웠다. 그에 반해 나의 시골에서의 삶은 보잘것없어 보였다. 부모님은 농장 일을 하셨는데 새벽 5시마다 일어나 일을 하셨다. 그 바쁜 와중에도 나에게 아침밥을 만들어주시는 모습이 죄송해 나는 농장 일손을 도와가며 학업을 이어나가고 있었다.

말도 안 돼! 우리가 족보 있는 집안이었다니

그러던 어느 날 유럽 역사를 공부하는데 유럽 왕실 가문에서 이어져 내려오는 귀족, 백작이란 단어가 멋있어 보였다. 그때 문득 '우리 가문은 어떤 혈통으로 이어져 내려온 것일까?'라는 궁금증이 생겼다. 조선 시대가 배경인 사극을 보면 다양한 계층이 있던데 우리 집안은 백정 집안일까, 머슴 집안일까, 노비 집안일까 궁금했다. 그래서 아버지에게 물어보았다.

"저희 집안은 어떤 집안이에요? 혈통은 있나요?" 나는 속으로 변변치 못한 머슴 집안일 것이라고 생각했다. 그런데 아버지께서 대답해주시길 "우리 집안은 선비 집안이다. 물욕

이 없기 때문에 우리가 재산이 없는 거다"라고 얘기하시는 것이 아닌가? 이야! 전혀 생각지 못한 대답이었다. 그렇게도 해석이 될 수 있구나라고 생각이 드는데 순간 증거가 있을까 싶어 아버지에게 다시 물어봤다.

"그럼 저희 족보도 있나요?" 아버지는 방에 들어가셔서 보따리 두 개를 들고 나오셨다. 그 안에는 한자로 쓰인 두꺼운 책들이 들어 있었다. 역사를 거슬러 올라가면 우리 '유' 씨 집안은 선비 집안이었고 나는 파주 38대손이었다. 이날을 계기로 나에게 묘한 마음이 자리 잡기 시작했다.

삶이 끝날 때 무엇을 남기고 싶은가

그 후 나는 펀드 열풍이 불면서 대한민국 사람들에게 재테크란 명칭이 막 생겨나기 시작하던 때에 우연히 알게 된 재무설계사의 권유로 학력과 나이 등 모든 것이 보험회사에 충족되지 않음에도 취직할 수 있는 기회를 얻었고, 과감히 운영중이던 과외를 폐업하고 학습지 회사를 퇴사했다. 그렇게 성인이 되고 회사에 들어간 지 1년쯤 지났을 때 나는 내 인생의 방향과 삶의 의미를 다시 한번 고민해보았다.

'내가 부자가 될 수 있을까?', '언제까지 일할 수 있을까?',

'성공할 때까지 연애를 멀리하자' 등 이런 질문들과 다짐을 하면서 문득 다음과 같은 생각이 들었다. '그런데 이렇게 도전하고 삶을 성실히 살았다고 해서 사람들이 날 기억해줄까?'

나는 내가 태어난 의미가 있어야 한다고 생각한다. 그리고 학업에서 치열하게 경쟁하고 정글 같은 사회에서 살아남기 위해 고군분투하는 모습을 사람들이 기억해주었으면 했다. 그래서 어떻게 하면 내 이름 석 자를 길이길이 남길 수 있을까 고민해보았다. 고민을 거듭해보니 방법은 방송 출연이나 강연, 기업인으로서의 자서전 등이 생각났다. 나는 고민 끝에 여유시간을 활용해 내 이름을 딴 회사를 설립하기 위한 자기계발을 따로 해야겠다고 판단했다.

그리고 7~8년이 지난 후 실제로 2015년 10월 내 이름을 딴 법인회사 '유선식품'을 설립했다. 처음 회사를 설립했을 때는 매출이 마이너스를 기록하면서 위태위태했다. 하지만 내 이름이 들어간 이 회사를 어떻게든 살리고 싶었다. 그래서 나는 대출을 받을 수 있는 만큼 받아 온갖 정성과 애정 어린 손길로 어루만져주었다.

우리 회사는 어느덧 설립 다섯 해를 맞이했고 매출 100억이 넘는 회사로 성장했다. 나는 회사를 설립하면서 내 삶이 다했을 때 인생에서 한 부분을 회사에 아낌없이 헌신했음을 자신 있게 말할 수 있고, 그 헌신의 이념이 잘 지켜지고 제대로 살아남기를 바랐다.

여러분은 어떤가? 살아가는 의미를 어디에 두는가? 삶의 의미를 두는 데가 없다면 지금부터라도 자신이 태어난 삶의 의미를 정하고 행동했으면 좋겠다.

2장

나는 행동력으로 세상과 싸웠다

스물네 살, 사회생활에 첫발을 내딛다

나의 첫 직업, 수학 강사

나는 군대를 전역하고 교대에 진학해 선생님이 되려고 했었다. 군대에서 모은 돈으로 노량진에서 3개월의 학업을 마치고 고향으로 내려와 인터넷 강의를 듣기 위한 돈이 필요했다. 알바를 하면서 돈을 벌어야 했는데 공부에 지장을 주지 않는 선에서 일을 찾고 싶었다. 전문대학교 중퇴 경력에 내가 원하는 시간대에 일할 수 있는 곳은 마땅치가 않았지만 매일매일 구인 광고지를 찾아보던 중 순간 눈에 띄는 문구가 들어왔다.

바로 학원 공고였다. 초등반과 중학교 1학년 반을 지도하는 업무였다. 생전 누군가에게 가르침만 받아왔지, 누군가를 가리킬 거라 생각을 안 해봤기에 문의하기가 망설여졌다. 하지만 근로조건이 나를 매료시켰다. 근무시간이 오후 5시부터 9시였다.

'4시간이면 50분 타임으로 네 번만 수업하면 되는데 할 수도 있지 않을까?'라는 작은 용기가 생겼다. 또 지금 하는 재수 공부에도 도움이 될 거란 생각이 들었다. 나는 용기를 내어 수화기를 들었고 수화기 너머로 누군가 전화를 받았다.

나는 거짓 없이 현재 내 상황을 설명하고 면접을 볼 수 있는지 물어보았고, 다행히 전화상으로 탈락의 고배를 마시지 않아도 되었다. 면접 날짜를 잡고 면접 당일에 최대한 어려 보이지 않기 위해 아버지 정장을 빌려 입었다. 아버지가 가끔 결혼식에 가실 때 입는 정장이었는데 맞지도 않는 옷을 입고 젤과 무스로 머리에 한껏 힘을 주고 떨리는 마음을 달래며 학원까지 걸어갔다.

그때 내가 면접을 보기로 한 A학원은 당시엔 몰랐는데 어머니들 사이에서 수학을 잘 가르치기로 소문 난 신망이 두터운 학원이었다. A학원은 아파트 상가 2층에 있었는데 올라가는 계단이 높지도 않았음에도 한없이 높게만 느껴졌다. 드디어 원장실 앞까지 다다랐고 면접은 10분 내외로 짧게 끝났다. 면접 질문은 생각보다 많지 않았다. 핵심 질문은 '언제부터 출근할 수 있는지?'였다. 아마도 바로 수업을 맡아줄 선생님이 필요했었나 보다. 그러지 않고서야 무경험이었던 나를 채용할 일이 없으니까 말이다.

이렇게 행운을 얻은 나는 주5일 근무에 하루 4시간 저녁에 수학을 가르치고 80만 원이라는 급여를 받았다. 이곳이 내 20대 프로필의 첫 직장이었다.

현재에 만족하지 않고 더 나은 환경을 찾다

아이들을 가르치는 것은 생각보다 어려웠다. 아이들은 지식의 갈망보다는 놀고 싶은 욕망이 컸고 수업 시간은 문제 풀이보다 아이들을 조용히 시키고 훈육의 반복으로 채워졌다. 처음 해보는 수업이라 그런지 나도 다른 선생님과 다를 바가 없는 문제 풀이 위주의 딱딱한 방식으로 수업하게 됐다. 이런 진행이 따분했는지 학생 중 한 여학생이 '왜'라는 질문을 많이 했다. 학업 진도를 나가야 했기에 그 친구의 질문에 명쾌한 답변을 줄 수가 없었다.

예를 들면 '1+1=2가 왜 2예요?'라는 식의 질문이었다. 한 수업에 아이들이 많아 떠드는 소리가 컸고 혹여 원장님에게 수업은 안 하고 논다고 인식이 될까 걱정됐고, 훈육의 시간과 난처한 질문 공세에 나는 한 반에 아이들이 많은 것보다 소수 정예로 수업을 하고 싶었다.

평소에 이런 마음을 가지고 있던 때에 B수학학원에서 선생님을 모집했다. 난 전화를 걸어 입사 희망을 원했고 원장님은 방문해서 면접을 보자고 하셨다.

내가 이직하고 싶었던 건 첫째, 집에서 출퇴근 거리가 가까웠다. A학원은 수업 마무리 후 아이들을 데려다주는 차에 끼어 타 집에 가야만 했다. 둘째, 수업 시간이 A학원보다 길었다. 그러면 월급도 올라갈 거라고 생각했다. 그렇게 면접을 보는 날 B수학학원도 2층에 있어 계단을 올라가야만 했는데, 첫 면접과는 다르게 올라가는 계단이 높게 느껴지지 않았다.

면접은 순조롭게 진행되었고 원장님의 질문 중 기억에 남는 질문은 "성이 어디 유 씨냐?"는 질문이었다. 원장님도 나와 같은 '유' 씨 성이었다. 3개월가량 다니던 A학원을 그만두고 나는 곧바로 B수학학원으로 이직했고 더 좋은 환경과 더 좋은 보수를 받았다. 그러나 내 노동시간은 학원에 더 할애됐다. 대학교를 위한 공부 시간이 점점 줄었다.

그래도 당시엔 아이들과 수업하는 게 재밌었고 원장님과 이야기하는 것도 좋았다. 원장님과 부원장님이 부부였는데 항상 존칭을 쓰며 얘기하는 모습도 보기 좋았고 항상 따뜻하게 나를 챙겨주는 게 감사했다.

그러다 6개월가량 시간이 지났을 때, 1장에서 이야기한 대로 호주에 어학연수를 가게 된 사촌 형이 과외 학생을 연결해주어 개인 과외를 시작하게 되었다. 일주일에 두 번 수업이 있고 한 달 과외비는 45만 원이었다. 내 수입과 계산해보니 나쁘지 않았다. 오히려 내 수입보다 과외를 하는 게 더 내 시간을 더 많이 가질 수 있었고 수입도 많았다. 처음으로 학원이나 회사 등 직장에 다니는 것보다 내 사업을 하는 게 더 낫겠다는 생각이 들었다.

전전세 형태로 학원 속 학원을 차리다

그렇게 전부터 생각해왔던 소수정예로 한 공부방에 도전해보자고 결단을 내린 후 아이들을 눈여겨보기 시작했다. 내 눈에 들어온 아이들은 친구들과 집으로 걸어가기도 하지만 대부분 학원 차를 타고 공부를 하러 가거나 학교 근처에 있는 학원에 가는 모습이 많았다. 건물 간판들을 보아 하니 대부분 피아노학원이나 음악학원, 어린이집, 태권도장, 검도장, 영어학원, 속셈학원, 종합학원 등이었다.

보이는 간판 중 초등전문 공부방 한 곳을 찾아갔다. 무엇인가에 홀린 듯 계단을 따라 2층 공부방 문을 열었고 원장님을 만나러 왔다고 인사한 후 면담을 요청했다.

다행히 아이들 수업이 끝난 직후라 면담은 바로 이루어졌다. 내가 요청한 면담의 내용은 "안녕하세요, 원장님 저는 지금 학원에서 중학생 아이들을 지도하고 있는데 저만의 공간에서 아이들을 지도하고 싶습니다. 원장님께서 초등학생 수업이 끝난 후 학원을 운영하지 않으신다면 밤에 제가 학원의 일부 방을 빌려 쓸 수 있을까요?"였다.

요즘 주택으로 비유하자면 전전세 형태다. 나는 당시 돈에 대한 개념도 없었고 합법인지 불법인지도 몰랐다. 다만 초등학교 수업은 일찍 끝나니 공부방은 비어 있을 것이고 그곳을 활용하면 나도 수업을 할 수 있을 거란 단순한 생각이었다. 내 얘기를 들은 원장님은 내 부탁을 들어주었고 보증금 없이 월세 50퍼센트, 공과금 및 부대비용은 나오는 금액에 맞춰 각각 50퍼센트씩 내는 조건으로 학원 열쇠를 넘겨받았다.

난 곧바로 그동안 다니던 학원에 퇴사 의사를 밝히고 내 학원을 준비하기 위해 교재도 준비하고 학원 이름도 정하고 홍보물도 만들었다. 학원 이름은 '눈수학'으로 정했다. '눈수학'으로 정한 데에는 눈으로 푸는 수학이란 뜻에서였다.

또 노량진에서 공부할 때 '폴수학'이라는 이기홍 선생님의 수학을 들은 적이 있었는데 너무도 감동하면서 수업을 들었던지라 고향에 내려와서도 꾸준히 이기홍 선생님 강의를 인터넷으로 들었었다. 그분의 수업 방식이나 마인드를 배워 아이들을 가르치고 싶어 나는 '폴수학'과 비슷하게 '눈수학'이라고 상호를 정한 것이었다.

인원은 소수정예를 강조하고 싶어 그룹당 4명으로 정했다. 모집대상은 중학생부터 고1까지이며 수업은 일주일에 세 번 진행했다. 원생을 모집하기 위한 홍보물은 30센티미터 자를 활용했다. 자 앞면에는 학원 이름을, 뒷면에는 전화번호와 '눈으로 푸는 수학'이란 슬로건을 인쇄했다. 이렇게 인쇄된 홍보물을 들고 밤에 고등학교야간자율학습이 끝나고 나오는 여고생들에게 자를 나누어주었다. 그리고 신문광고란에도 모집 글을 기재하고 내가 임차한 학원에 다니는 초등학교 6학년 원생들의 학부모님들 대상으로 중학교 설명회를 개최했다.

이렇게 나만의 방법으로 원생을 채워나갔다. 또 원생 모집 시 성적이 우수한 아이들 위주로 받았다. 확실히 아이들이 학교에서 성적이 좋으니 스스로 공부했고 문제 풀이 면에서 나보다 학우들에게 더 쉽게 이해시켜줄 수 있는 아이가 있으면 문제 풀이도 공유해가며 진행해 학습 분위기도 좋았다.

더불어 중간고사와 기말고사가 끝나면 시험을 잘 본 포상의 의미로 부모님 허락을 맡고 아이들과 함께 1박 2일로 대천해수욕장으로 아이들을 데리고 놀러갔다. 아이들에게 적절한 보상은 공부의 원동력이기도 했다. 이러한 여러 노력들이 통했는지 생각보다 나의 첫 사업이 순조롭게 풀려갔다.

진로 고민이 꼬리에 꼬리를 물다

또 다른 수입원을 찾다

그룹과외가 입소문을 타기 시작하면서 '눈수학'은 더욱 안정적으로 자리 잡았다. 그러자 수업이 없는 낮 시간이 좀 무료하게 느껴졌다. 새벽에는 부모님 농사일도 돕고, 오전에는 대학입시 공부를 했지만 돈을 벌기 시작하고 난 뒤에는 왠지 공부에 집중할 수가 없었다. 오히려 또 다른 수입이 될 일이 있는지 일자리를 찾고 싶었다. 그래서 다시 구인 광고지를 찾아보니 딱히 시간과 근무 일수가 맞는 곳이 없었다.

대부분 기본 급여가 책정되어 있지 않은 영업직이었다. 영업직은 또 자동차나 부동산, 화장품회사, 보험 관련 업종이 많았다. 이런 직군은 내가 모르는 분야라 왠지 두려움이 앞섰다. 그러던 중 학습지 판매라는 문구가 눈에 띄었다. 학습지는 초등학교 대상이라고 되어 있었는데 공부방도 별도로 운영해도 된다는 것이었다. 나와 관련된 업종이라 일도 잘할 수 있을 거라 생각되었다.

입사하자마자 실적 1위 달성

내가 면접을 보러 간 곳은 푸르넷 공부방이라는 금성출판사에서 운영하는 회사였다. 해당 권역에서 1차 면접을 통과하면 2차 면접은 교육을 들어야 했다. 1차 면접은 해당 권역 지점장 심사였는데 당시 대부분 여성 조직으로 이루어져 있던 터라 조직의 변화를 위해 남성 위주로 채용 중이었다.

그래서 1차 면접은 생각보다 가볍게 통과하고 2차 면접은 교육 이수를 하기 위해 대전에서 1박 2일 합숙했다. 2차 교육까지 잘 이수하고 정식 출근까진 며칠 시간이 있었는데, 정식 출근 전 지점장님이 나를 자신의 차에 태우고 어디론가 데리고 갔다. 5분여 이동하여 도착한 곳은 어느 정장을 파는 옷집이었다.

난 처음에 '여긴 왜 왔나?' 싶었다. 이 옷, 저 옷 둘러보며 나에게 옷에 대해 물어보는데 패션 센스가 없는 나에게는 여간 힘든 일이 아닐 수 없었다. 그나마 그중에 괜찮아 보이는 옷을 고르니 나에게 맘에 드냐고 묻는 것이었다. 그때까지 상황 파악이 안 되었는데 알고 보니 나에게 주는 입사 축하 선물이라는 것이다. '오~마이~갓! 세상에 이런 사람이 존재하다니?' 생애 옷 선물을 처음으로 받는 사람이 남자라니! 감사하면서도 좋아해야 하는 건가 싶은 복잡한 심경으로 '감사하다'라는 인사와 함께 옷을 선물받았다.

나중에 나도 이런 감동을 후배에게 전해주면 좋을 듯싶었다. 그렇게 선물받은 옷을 입고 출근해 업무를 익혔다. 일과는 다음과 같은 순서로 이루어졌다.

아침 조회가 끝나면 초등학교 저학년들이 끝나는 시간에 맞춰 학교 정문 앞으로 나가 파라솔을 펼친다, 보통 2인 1조 형식으로 움직였다. 학년에 맞는 학습지 자료를 올려놓고 아이들이 수업 후 나오면 가방에 전단지를 넣어준다. 아이의 손에 작은 사탕을 쥐여주며 이런 멘트를 붙인다. "엄마에게 꼭 보여드려"라고 말이다.

보통 오전에 회의하고 오후에 학교 앞으로 출동하고 난 뒤 퇴근을 한다. 하지만 나는 시간을 쪼개 저녁 시간에도 빌라나 주택단지 안에 전단지를 붙이며 학습지 판매를 해보려고 노력했다.

이런 노력은 성과로 바로 나타났다. 입사하자마자 해당 지점에서 실적 1등이 되었다. 난 많은 축하 인사와 함께 어떻게 그렇게 잘 파냐고 묻는데 솔직히 처음 판매해보는 일이라 설명하기가 난감했다. 오히려 내 심정은 '어떻게 해야 좀 더 잘 팔 수 있을까요?'인데 말이다. '제발 쉽게 파는 방법을 알려주세요' 하고 말이다. 그때 기억에 남는 일은 어느 공무원 부부의 자녀에게 학습지를 판매했는데 자녀를 학원에 보내는 것보다는 가정 방문지도로 아이를 학습시키고 싶어 했다. 그래서 난 학습지 판매도 하고 가정방문 교사도 하면서 일정 부분 보수를 받았다. 아이의 성적이 곧잘 나온 덕분에 이후 소개도 잘 이루어졌었다.

내가 원한 건 대학 졸업장이 아니었다

이렇게 나의 과외 경험으로 학습지 판매 영업에서 두각을 나타냈고 학원에서 중학교 수업을 병행하다 보니 내 수입은 300만 원을 훌쩍 넘어섰다. 나는 1년 전보다는 나아진 생활에 만족도 했고 내가 무엇인가를 이루어낸 것에 대해 보람을 느꼈다. 그러나 문득 고민이 생기기 시작했다.

그 고민은 바로 대학교에 관한 의문이었다. 대학교의 의문이란 '꼭 대학에 가야만 되는 걸까?', '내가 대학교에 가려는 이유는 무엇이었지?', '왜 가려고 했던 거지?', '남들 다 가니까 가야만 하는 건가?', '대학교가 나에게 무슨 의미가 있을까?' 꼬리에 꼬리를 무는 이런 질문들이 계속 생겨났다.

나는 교대를 진학하면 안정적인 월급을 받는 선생님이 될 수 있으며 정년이 보장되며 퇴직 후에는 연금도 나오기 때문에 힘들더라도 참고 인내하며 진학에 힘썼던 건데 냉정히 한 번 되짚어볼 필요가 있었다. 그래서 1장에서 말한 대로, 초등학교에서 교사를 하고 있는 친구와 대화를 나눈 후 여러 고민 끝에 '아~ 내가 정말 원하는 것은 돈이구나' 하는 결론에 도달했다.

지금 공부해서 수능을 잘 보고, 대학교에 진학한들 등록비이며 생활비를 또 마련해야하고 임용에 패스해도 초봉은 200만 원도 안 되는데 현재 나이에서 도전할 가치가 없다고 판단됐다. 그래서 난 앞으로 철저히 돈 버는 것에만 초점을 맞춰서 살기로 마음먹고 미래에 대한 진로를 정해나갔다.

지금까지 내가 배웠던 저축 방식은 거짓이었다

세 권의 책 내용이 똑같다니

진로를 결심하고 난 뒤 얼마 지나지 않아 학습지로 아이들에게 지도할 만한 것이 있는지 살펴볼 겸 서점에 들렀다. 학습지를 다 둘러본 뒤 경제 코너를 지나치는데 평소라면 눈여겨보지 않았을 것인데 나를 사로잡는 제목이 있었다.

그 책은 《대한민국 20대, 재테크에 미쳐라》(정철진, 한스미디어, 2006)라는 좀 강력한 제목의 책이었다. 나는 제목에 이끌려 책을 사 읽고 난 뒤 충격에서 헤어나올 수가 없었다. 어느 부류의 책인지는 몰랐는데 내용을 읽어보니 재테크 관련 책이었고 지금까지 내가 배우고 확립된 경제 사고와 상이한 내용이었다.

책에서 말하는 내용은 돈을 은행에 모두 저축하지 말라는 내용이었다. '어? 왜 은행에 저축하지 말라 하지?' 내가 초등학교 다니던 때만 해도 의무적으로 우체국에 통장을 개설하여 매번 1천 원씩 강제 저축을 학교에서 시켰고, 부모님은 어릴 적부터 돼지저금통에 돈을 모으라고 알려주셨고, 저축을 많이 해야 부자가 된다고 말씀하셨는데 책은 전혀 다른 말을 하고 있으니 이해가 되질 않았다. 그래서 '난 책이 잘못 나왔나? 저자가 사기꾼인가?' 하며 의심하면서도 순간 드는 생각이 '아니지, 책은 공신력이 있는데 잘못 나올 수가 있는 건가? 이미 검증된 거겠지?' 또 이런 의구심이 들었다.

만약 내가 여기서 책을 읽었다는 것에 만족하고 경제관념을 바꾸지 않고 그대로 20년간 배우고 확립된 사고방식대로 머물렀다면 인생에 큰 변화가 없었을 것이다. 이 책을 읽고 내가 내린 결론은 '그래, 그럼 다른 책을 사서 읽어보자'였다.

다른 책을 읽어보고 어떤 공통점이 있나 찾아보자 마음먹고 서점에 다시 방문하여 두 권의 책을 더 샀다. 천천히 입시보던 때처럼 세 권의 책을 펼쳐놓고 찾아보고 맞춰보며 비교해보기 시작했다.

'우와! 이거 뭐지?' 세 사람이 쓴 내용이 똑같았다. 책들이 얘기하는 것은 '계란을 한 바구니에 담지 마라. 분산투자하라. 그리고 은행은 금리가 낮으니 다른 금리 높은 상품에 가입해야 하며 위험을 줄이고 위해 보험에 가입해야 하며 하루마다 이자를 주는 CMA라는 상품에도 가입해야 한다'는 것이었다. 시대가 변하고 있었다. 그날 밤 나는 저축 방식에 대해 크게 혼란을 느끼며 내가 모르는 미지의 분야를 경험하기 위해 직접 행동해보자, 행동해서 검증해보자라는 의사결정을 내렸다.

펀드 가입하러 은행에 찾아가다

다음 날 책 내용 검증을 위해 필요한 대상지를 검색하고자 전화번호부를 찾아보기 시작했다. 그 시절엔 주소와 전화번호를 찾기 위해서 전화번호부를 많이 이용했다. 금융업 페이지에서 은행과 증권사, 보험사 등 해당 기관의 전화번호와 주소를 찾을 수 있었다.

당시 내가 알고 있는 금융업 관련 기관은 우체국과 농협뿐이었는데 모르는 기관이 많다는 것을 보고 신기해하며 지금껏 가본 적 없던 국민은행을 나의 첫 탐험의 행선지로 정하고 준비물을 챙겼다. 준비물은 《대한민국 20대, 재테크에 미쳐라》 책 한 권이었다. 국민은행에 도착해 은행 직원에게 책을 펼쳐 보여주며 해당하는 상품이 있는지 물어봤고 있다고 하길래 가입조건이 어떻게 되는지 물어보자 직원은 나를 약간 신기한 듯 쳐다보았다.

나이 어린 소년이 선생님에게 숙제 검사를 받는 것처럼 느껴졌는지 곧 미소를 띤 채 내가 건넨 부분의 책장을 읽어봐주었다. 직원은 읽고 난 후 나에게 해당 상품은 증권사 쪽에서 판매하는 것이라 은행 창구에서는 가입이 어렵다고 알려주었다. 직원의 얘기를 듣고 난 희열을 느끼기 시작했다. 그리고 다시 물어보았다. "그럼 증권사에 가면 가입할 수 있나요? 이 책에 쓰여 있는 게 진짜 있는 건가요?" 하고 말이다.

직원은 내가 귀여웠는지 여전히 미소를 띤 채 쓰여 있는 상품을 파는지는 모르겠으나 펀드 상품과 CMA는 증권사에서 만들 수 있다고 친절히 설명해주었다. 당시 청약도 설명되어 있긴 했으나 바로 가입하지는 않았다. 나는 내가 궁금한 것에 대해 대답을 들을 수 있어서 기뻤고 책이 거짓이 아니라는 것에 희열을 느꼈다. 그리고 은행을 빠져나와 다음 탐험의 행선지인 증권사로 향했는데 대천에는 증권사가 두 곳이 전부였다. 현대증권과 동양종금사 이렇게 말이다. 두 곳 중 국민은행과 가까운 곳이 동양종금사여서 한 손에 책을 든 채 그곳으로 향했다.

걸어서 3분 남짓 거리에서 간판을 볼 수 있었는데 건물이 노후 되어서인지 엘리베이터를 타고 5층으로 올라가는 길이 어두침침하여 무섭기도 하고 첫인상은 좋지 않았다.

상담 창구에 가 똑같이 책을 펼쳐 보이며 이런 상품이 있는지 물어보자 직원은 은행 분과 비슷한 반응을 보이며 해당 상품이 있다는 것이다. 어떤 게 있냐고 물어보자 CMA와 펀드라는 것이다. CMA는 신분증만 있으면 바로 개설이 되고 펀드는 증권사마다 판매하는 종류가 다양한데 질문한 펀드 상품에 대해서는 전부 있는 건 아니고 한 상품 정도만 판매하고 있다고 했다.

설명을 듣고 난 후 이제 가입만 하면 되는데 왜인지 겁이 났고 가입하기 조심스러웠다. 아무래도 올라오는 첫 이미지가 안 좋아서인지, 생각이 바뀌고 처음으로 가입하는 상품이라 그런지 정확히는 알 수 없었으나 바로 가입하지 않고 다음에 다시 오겠다는 말만 남긴 채 밖으로 나왔다.

밖으로 나와 이번엔 현대증권으로 향했다. 5분여간 이동해 찾을 수 있었는데 2층에 자리하고 있었고 1층엔 약국이 있었다. 단독 건물은 아니었으나 외관이 깨끗했고 사무실 분위기도 환해서 좋았다. 창구 직원에게 똑같이 책을 펼쳐 보이며 상품에 관해 묻자 여기서도 CMA와 펀드 가입이 가능하다고 했다. 세 번의 탐험 끝에 이제 가입하기로 마음먹고 먼저 CMA부터 하나 개설해달라고 했다. 입출금은 자유롭다고 했으나 내가 궁금했던 건 CMA 상품이 하루만 넣어놔도 이자를 지급해주는지 여부였다.

의심이 있을 수밖에 없던 상황인지라 실제로 하루만 넣어놔도 이자가 붙는지 확인해보고 싶었다. 그래서 확인도 할 겸 불안한 마음에 일단 개설하고 1만 원만 넣어보았다. 다음 날 다시 증권사에 찾아가 통장 정리를 해보았다. 드르륵! 기계음이 들리더니 통장은 바로 ATM 기계에서 정리돼 나왔다. 두근거리는 마음으로 통장을 살펴보니 얼마인지는 정확히 기억나질 않지만 원금과 이자가 찍혀서 돈이 들어온 것이다.

오우~~~ 유레카~~!!! 책에 쓰여 있는 대로 현실에서도 이런 금융 상품이 존재함을 확인하는 순간이었다. 나는 말로 표현 못할 뿌듯함을 느꼈고 그 뒤로 재테크 관련 책을 읽게 되었다.

내 심장을 요동치게 한 강력한 한마디

힘겹게 펀드와 CMA에 가입한 다음, 마지막으로 보험에 대한 궁금증을 해결하기 위해 미래에셋에 찾아가기로 했다. 책에서 빠지지 않고 나오던 회사가 미래에셋이었기 때문이다. 당시 난 보험과 증권의 개념이 없었던 터라 일단 전화번호부를 뒤져 미래에셋이란 회사가 있는지부터 살펴봤다. 회사를 찾긴 찾았는데 글자가 두 개가 더 붙어 있었다. 미래에셋생명이라고 쓰여 있었는데 이 회사가 맞는지 알 수는 없었지만 일단 전화를 걸었다.

수화기 너머로 안내직원과 통화를 하는데 담당 설계사가 있냐고 물어보았다. 난 설계사가 무엇인지, 상품인지 이해가 되지 않아 "담당 설계사는 없고요. 거기서 펀드 가입을 할 수가 있나요?" 물어보았더니 펀드 가입을 할 수는 있지만 설계사를 통해서만 가입할 수 있다는 것이었다.

나는 직접 방문하기 위해 방문 날짜를 예약했다. 예약하고 찾아가기 전 회사 위치를 확인하고자 일요일에 미리 찾아가 보았다. 그런데 사무실 안쪽에서 작은 불빛이 보였다. 문을 열어보니 문이 열렸다. 일요일에도 문을 여나 싶은 마음에 들어가 보니 수수한 차림의 한 아주머니가 서류 정리를 이것저것 하고 계셨다.

아주머니는 나를 발견하고 어떻게 왔냐고 물었고 나는 미래에셋 펀드 상품에 대해 궁금한 것이 있어 방문했다고 말했다. 그분이 휴일임에도 상담을 도와줘 당시 펀드형인 보험에 20만 원을 가입하게 됐다. 또 아주머니는 종신형 보험도 재테크에서 필수 요소라며 내 나이 때는 10만 원으로 설계가 가능하다고 설명해주셨다.

하지만 종신보험은 왠지 어감상 느낌이 좋지 않아 거부감이 들었다. 책에서 보긴 했지만 당시 신체도 건강하고 필요성을 느끼지 못해 가입을 미루고 다음 기회로 미루고 사무실을 빠져나왔다.

벌고 싶은 만큼 벌 수 있다고요?

그렇게 며칠이 지났을까? 그때 그 아주머니가 내 학원으로 찾아오셨다. 알고 보니 그 아주머니는 재무설계사 일을 하고 계셨고, 갖은 칭찬과 나를 한껏 치켜세워주시는데 난 그 칭찬이 나쁘지 않았다. 내 또래에 이렇게 돈을 벌어서 미래를 위해 재테크를 준비하는 사람이 많지 않다는 것이 나를 한껏 더 기분 좋게 했다. 그 칭찬이 좋아서였을까? 난 미뤄놨던 종신보험 계약을 하고 말았다. 상품을 가입하고 난 뒤 한 가지 질문을 받았다.

"젊은데 이렇게 챙겨서 재테크하는 사람을 본 적이 없어요. 또 분산투자를 하는 사람도요. 혹시 지금 수입에 만족하세요? 보험 쪽에서 일해보지 않을래요?"

그때 당시 나는 낮에는 학습지 회사에 출근해 학습지를 판매하고 저녁엔 학원을 운영하고 있었고 주 5일만 일하고 있었기에 시간적으로나 수입적으로나 어느 정도 만족하고 있었다. 하지만 당시 수입보다(300만 원 이상) 200만 원을 더 벌고 싶었다. 해답을 못 찾고 고민만 되풀이되는 상황이었다. 그래서 나는 아주머니의 질문을 듣고 "보험 일을 하면 얼마를 벌 수 있나요?" 물었다. 아주머니는 나에게 "얼마를 벌고 싶으세요?"라고 다시 질문했다.

순간 내 머리가 복잡해졌다. '내가 얼마를 벌고 싶지?' 나는 으레 더 높게 불러보기로 마음먹고 "천만 원 벌 수 있나요?" 하고 물었다. 그러자 아주머니는 "천만 원 이상 벌 수 있어요. 원하는 만큼 더 벌 수도 있고요. 수입은 무한대예요"라는 것이다. 내가 생각지 못한 숫자였기 때문에 나는 의심을 하면서도 아드레날린이 솟구치기 시작했다.

'수입에 한계가 없다. 기본급은 없지만 능력만큼 벌 수 있다'

이 말이 너무나 좋았다. 일단은 바로 결정을 내리기 어려우니 3일만 생각해보겠다고 결정을 미루고 헤어졌다.

3일 동안 정말 방 안에서 나 자신과 많은 대화를 하며 미래에 대해 고민했다. 학습지와 학원을 병행하며 내가 꿈꿨던 것은 능력이 된다면 메가스터디나 비타에듀 같은 공부회사를 만들어 온라인 서비스를 하는 것이었다. 그런데 현실적으로 내가 가진 재능이나 학력이 짧았기에 꿈만 꿀 뿐 도전해보기에는 겁이 났다.

다행히 낮에 푸르넷 공부방이라는 금성출판사 회사에서 판매실적이 1위여서 판매에 대한 두려움은 크게 없었다. 또한 장소에 얽매이지 않고 자유롭게 돌아다니며 일하는 것이 좋아 보였다. 단점이라곤 실적이 없으면 수입이 없다는 것

빼곤 나머진 다 장점으로 보였다.

고민 끝에 3일 뒤 아주머니에게 전화를 걸어 보험업에 도전해보고 싶다고 의사를 전달하고 면접 준비와 보험회사 취업 시험을 위해 제3보험이란 과목을 공부하기 시작했다. 벌고 싶은 만큼 벌 수 있다는 아주머니의 한 마디는 내 심장을 요동치게 만들기 충분했고 초등학교 때 첫사랑을 경험한 것보다 더 큰 설렘을 가져다주었다.

나는 이날 처음으로 세일즈를 결심하게 되었고 이 선택이 내 인생에서 두 번째 갈림길이 되었다. 나의 행동의 힘이 또다시 나를 현실에 머무르지 않고 앞으로 나아가게 만든 것이다.

첫 달부터 실적 1위를 달성하다

생명보험회사로 첫발을 내딛다

직장을 바꾸기 전 부모님에게 얘기해야 할 것 같아 아침 시간에 농장 일을 도와드리면서 말씀을 드렸다. “아버지, 저 다른 일을 해보려고 하는데 보험회사예요”라고 하자 아버지는 “보험 일은 하는 게 아니다. 주변 사람들에게 피해만 준다. 지금 하는 학원이나 잘해라”라고 말하셨다.

매사에 내가 하는 일을 지지해주시던 아버지였는데 이번 결정에서만큼은 나를 못 믿어주시고 반대를 하시니 서운함이 몰려왔다. 또 가까운 친구들에게 보험업으로 직업을 전향

할 거라고 얘기했는데 신기하게도 비슷한 반응이었다. 대부분 다 부정적이었다. 이때 내 나이가 스물다섯이었는데 난 나름 삶의 기준을 가지기 시작했다. 그 기준 중 하나는 직접 행동해보고 판단해보자는 것이었다.

나에게 보험업을 권유해주고 이끌어준 아주머니는 미래에셋생명에 입사한 후 보니 지점에서 실적 1위에 MDRT라는 명예의 전당에도 이름을 올린 분이었다. MDRT(Million Dollar Round Table)는 생명보험업계 종사자 중 연 소득이 1억 원 이상 되는 설계사에게만 부여되는 상징적인 단체의 이름이었다. 미리 말하자면 우리는 매월 지점에서 사제 간 실적 1, 2위를 끄는 쌍두마차가 된다.

면접을 준비하는 도중 알게 된 사실이지만 나는 입사 자체가 될 수 없었다고 한다. 당시 보험업은 어느 정도의 사회 경력과 가정이 있는 아주머니를 선호했다. 외국계 보험회사 몇 군데를 제외하고는 국내 보험회사는 대부분의 여성 조직으로 이루어져 있었다.

내 환경을 보면 남성에 미혼이고 나이도 어리며 고졸 학력이었다. 정말 입사 조건과 맞는 게 하나도 없었다. 그러나 나를 믿고 추천해준 설계사 님 덕분에 나는 면접을 볼 수 있었다. 면접은 충남 서산이란 곳에서 이루어졌고 지역 단장님은 설계사 님의 강력한 추천이 없었으면 면접 기회조차 없었을 테니, 실적으로 증명해달라는 당부의 말과 함께 합격시켜주셨다.

면접 후에는 '제3보험'이라는 시험을 봐야 했고 시험을 통과하면 바로 현장에 나가 활동을 시작할 자격이 주어졌다. 시험 준비를 하는 동안 친구들과 만나 술 마시는 시간이 많았음에도 다행히 시험에 통과하고 미래에셋생명보험 회사에 위촉되었다. 위촉되고 난 뒤 첫 달 영업실적이 보험료 합산 100만 원 이상이 되어야 정식 사원이 될 수 있었다.

첫 달 계약한 내 보험료는 얼마였을까? 난 첫 달부터 충청남도 신입사원 중 실적 톱을 찍었다. 그 후 입사하자마자 나는 관내에서 주목받는 신입사원이 되었고 내 사수는 나에게 진심 어린 축하의 인사말을 해주었다. 물론 나도 사수에게 감사했다.

그리고 입사 전 나에게 했던 얘기가 진짜임을 알았다. 나는 세후 980만 원이란 첫 달 급여를 시작으로 천만 원을 받는 영광을 누렸다. 많은 사람의 축하 인사와 나의 가능성을 다시 알아본 시간이었고 보험업을 선택한 것에 후회가 없는 순간이었다.

다양한 마케팅 방식을 시도하다

보험회사에 입사하면 기본 상품교육은 회사에서 배우되 그 외 세일즈 공부는 본인 스스로 배워야 한다. 본인이 스스로 배우기 위해서는 내가 영업활동을 할 지역과 그 활동 영역에 맞는 세일즈 방식으로 연구해야 된다. 대부분 입사하면 가족을 찾아가고 지인 판매를 한다. 그리고 인맥이 다 소진되면 실적이 없어 결국 자발적으로 퇴사하고 집으로 가고 만다. 나는 입사 전 아버님이 해주신 말씀과 학교 앞 전단지 돌리기, 여러 집을 돌아다니며 학습지 판매하기 등 여러 경험이 있던 터라 모르는 사람과 초면에 말하는 것에 압박감이 적었다. 그러다 보니 지인 판매도 하긴 했지만 오히려 모르는 사람들에게 상품을 판매하는 게 마음이 더 편했다.

상품교육이 끝나고 난 뒤 처음에는 어디로 가서 일해야 할지 몰랐다. 그래서 사수와도 많은 상담을 하곤 했는데 사수의 활동지를 잘 살펴보니 계약이 주로 이루어지는 곳이 학교였다. 학교에서 보험에 대한 니즈가 큰 거 같아서 나도 처음엔 무작정 학교 행정실에 찾아가 영업을 시도했다. 지금 생각해보면 참으로 막무가내였던 것 같다.

그래도 좀처럼 계약이 성사되지 않았다. 분명 좋은 상품이고, 당장은 아니어도 불의의 사고 시 혜택을 받을 수 있는데 가입을 안 하는 게 이해되질 않았다. 나는 무엇이 문제인지 고민하기 시작했다. 뒤늦게 나름의 결론을 내린 건 '내가 주력할 상품이 무엇인지?', '내가 어디로 가야 하는지?', '누구를 대상으로 활동할지?'를 정하는 것이었다.

그래서 관공서와 학교 단체는 활동을 자제하고 자영업 시장으로 활동지를 정했다. 학원 경험이 있어 학원연합회에 일단 접촉을 시도했고 협회장의 신임을 얻어 명부를 받을 수 있었다.

명부에 적힌 전화번호로 일일이 전화를 걸어 "협회장님 소개로 전화한 미래에셋생명의 유선국이라고 합니다. 협회장님께서 들으면 좋은 상품이 있어 소개하고자 전화드렸습니다. 혹시 내일 오후 2시에 시간 괜찮으신가요?"라며 질문했고 대부분 방문을 허락하셨다.

이렇게 전화로 약속 잡는 일을 텔레마케팅이라고 부른다. 세일즈를 잘하기 위해서는 두려움을 이겨내야 한다. 그리고 나는 내 존재감을 더 각인시키기 위해 이동 중에도 광고할 수 있는 방법을 찾기 시작했다. 당시 자동차 세일즈를 하는 사람 중에 자신의 얼굴을 캐리커처로 만들어서 붙이고 다니는 사람이 있었는데 그를 모방하여 나도 캐리커처를 만들었다. 그 후 자동차를 구매해 회사 이름과 함께 옆면에 붙이고 다녔다.

이와 더불어 남들과 다른 차별화 두 가지를 더했다. 첫째는 명함인데, 보통 회사에서 제작해주는 명함을 쓰지만 나는 직접 명함을 제작했다. 나만의 명함은 앞면엔 캐리커처 사진과 기본 프로필을 넣고 뒷면에는 상품 소개 글을 적었다. 둘째는 카탈로그를 만들었는데 회사에서 나누어주는 상품 전단지는 사용하지 않았다. 각 쪽마다 콘셉트를 달리해서 상품 소개도 넣고 지금까지의 실적 사항도 넣고, 다가오는 은퇴 뉴스라던가 세금 이슈 거리 등으로 구성해 만들어 배포하였다. 또 인터넷 카페도 운영하여 고객들이 들어와서 실시간 정보도 볼 수 있게 했다.

이렇듯 이동할 때, 첫 만남 때 조금이라도 나를 홍보하기 위해 무던히 노력한 결과 고객들 중 지인을 소개해주는 분이 생겼고 우연히 지나가다 차를 보게 되어 문의하는 분도 생겼다.

손가락질에 소금 세례까지

어느 정도 안정 영업권에 올라가기 위해서는 많은 시행착오와 상처가 있기 마련이다. 나도 시행착오와 상처가 많았다.

처음 입사해서 내가 어디로 영업 활동을 나갈지 몰라 고민하던 중 아무래도 사람이 많이 모여 있는 곳이 어딜까 생각해보니 관공서였다. 관공서라 하면 시청이나 군청, 보건소, 학교도 초등학교, 중학교, 고등학교 얼마나 많은가?

보험업계에서는 모르는 곳을 무작정 찾아가는 것을 개척 활동이나 돌입방문, 돌방 등으로 표현하기도 하는데 나는 돌발할 장소를 관공서로 정했다.

하지만 제약이 많거나 나 말고도 너무도 많은 설계사가 모여들었다. 그리고 기본적으로 나는 공무원 생태계에 대한 이해도가 낮았다. 예를 들면 학교가 방학하면 선생님들도 같이 쉬는지 몰랐으니까 말이다. 이렇듯 잘못된 타깃 설정으로 인해 시간과 열정만 낭비하고 있었던 것이다.

또 한 번은 개척 활동을 위해 항구 쪽으로 영업 활동을 잡았다. 항구도시에서는 수산업 종사자 분들이 돈을 잘 벌었기 때문이다. 그런데 이분들은 기본적으로 새벽 4시에 움직이는 분들이다. 난 이것도 하나의 블루오션(발상의 전환을 통해 경쟁자가 없는 새로운 시장을 창출해내는 전략) 같아서 새벽 타임에 한 번 영업을 돌고 회사에 출근하면 되겠다 싶었고, 시간을 쪼개서 하루 일과표에 넣었다. 정말 이 시기에는 시간을 잘 아껴서 사용했던 것 같다.

매일같이 필드(현장)에 나가서 간이고 쓸개고 다 빼놓고 가게마다 큰 목소리로 인사하며 일하던 어느 날, 한 수산물 가게에 들어갔을 때의 일이다.

주인으로 보이는 아저씨에게 인사를 드리고 누구냐는 질문에 “저는 미래에셋생명 재무설계사 유선국이라고 합니다”라고 대답했다. 나는 보통 보험에 대한 인식이 좋지 않아서 재무설계사 또는 영어 약자로 FC란 용어를 많이 사용했는데 사장님이 잘 알아듣지 못해 재차 물어보셨다. 어쩔 수 없이 “보험회사에서 근무하고 있는 보험설계사 유선국이라고 합니다”라고 다시 대답하자 사장님 얼굴이 굳어지면서 나를 내쫓으시고는 굵은 소금으로 보이는 것을 가게 앞에 뿌리며 욕을 하셨다.

순간 자존감이 낮아지면서 얼굴이 벌게지는 걸 느꼈다. 바닷가에 겨울이라 새벽 공기가 유난히 차가워 내 볼은 이미 빨개져 있었지만, 더 화끈 달아오르는 내 볼이 드러날까 싶어 얼른 자리를 피해버리고 말았다.

차 안에 가만히 앉아 차분히 마음을 가라앉히고 있으니 가슴 한편에서 설명하기 어려운 뜨거운 감정이 차올랐다.

‘그래, 처음 시작할 때부터 주변에서 만류하고 사람이 취직하지 말아야 할 곳이라고 들었음에도 시작한 일인데 여기서 주저앉지 말자. 속상해하지 말자. 스물다섯 살에도 이미 축하받지 못한 채 시작했고, 손가락질에 욕에 이제는 하다못해 소금 세례까지 받아봤는데 더 나빠질 게 뭐가 있겠냐.’

이렇게 생각하며 상처받은 나 자신을 스스로 위로했다.

끊임없이 배움을 좇다

이를 계기로 세일즈 기술을 더 연마하기로 마음먹고 공부할 곳을 찾아보았다. 주로 내가 했던 방식은 온라인 검색보다는 서점에서 관련 분야 책을 사서 쭉 읽어보는 것이었다. 책 저자가 세미나를 주최하면 참석하여 세미나를 듣고 세부 강의가 별도로 있으면 서울을 오가며 수업을 들었다. 확실히 서울에서 잘하는 사람은 다를 거라고 생각했고 그 사람들의 세일즈 방식을 배워 나에게 맞는 세일즈 방식으로 적용하면 계약이 잘될 것 같았다.

내가 배웠던 다양한 세일즈 방식 중 기억에 남는 건 고객과 게임을 하는 것이었다. 게임은 주사위 2개를 동시에 던져 연속해서 같은 숫자가 나오는지 맞히는 것이었다. 일단 고객을 만나면 주사위 2개를 보여주며 게임을 하자고 제안한다. 그럼 대부분의 고객은 숫자가 똑같이 나오지 않을 확률이 높다는 것을 알고 있다고 말한다. 그럼 난 여기서 고객이 대답한 말에 맞장구치며 이렇게 말한다. "맞습니다, 고객님. 같은 숫자가 또 나올 확률은 낮습니다. 마찬가지로 불의의 사고도 고객님 나이를 생각하면 발생할 확률이 낮습니다. 하지만 그 낮은 확률이 나올 시 가입이 안 되는 게 보험입니다." 이처럼 설정한 각본대로 설명을 이어나가는 것이다.

예비 고객들의 관심을 끈 후, 준비한 고객설문지에 정보를 얻고 고객의 소비 패턴을 분석할 수 있었다. 많은 고객을 만나면서 안 사실이지만, 대부분 사람은 급여를 받으면 소비부터 하고 난 뒤 저축을 한다. 그래서 난 이 소비 부분에 초점을 맞춰 설명했다. 카드를 이용해서 소비하면 어떻겠냐고 제의하는 것이다. 카드를 사용하면 마일리지도 적립되고 자신의 지출 한도에 맞추어 카드 한도 설정을 해놓을 수가 있다고 말이다.

내가 이렇게 전략을 짠 이유는 현금이 있어야 저축할 재원을 마련할 수 있었기 때문이다. 당시엔 카드 선호도가 낮았다. 대부분 즉시 출금 카드나 CMA를 이용했다. 여기에 착안하여 나는 삼성카드에 코드를 등록하고 카드를 개설할 시 나에게 수익이 들어오는 구조를 만들었다. 그 후 소비 패턴을 카드로 바꿔주고 남은 현금을 활용해 보험에 가입시키거나 연금에 가입시켰다. 이렇듯 세일즈에 대한 기술이 발전될수록 실적도 향상되었다.

하루 만에 천만 원 날리고 기업가의 꿈을 키우다

소득도 많고 빚도 없는 내가 대출을 받을 수 없다니

세일즈 공부를 할수록 실적은 나아졌지만 고민이 남아 있었다. 바로 '내가 퇴직 후에도 사람을 만나가며 상품을 팔아야 할까?'였다. 세일즈 관련 직장에 한 번이라도 종사해본 경험이 있다면 사람을 대하는 일이 얼마나 많은 에너지가 소비되는지 알 것이다. 일에 대한 걱정은 없었지만 사람을 상대해야 한다는 스트레스가 심하게 다가왔다.

그리고 판매가 이루어져야지만 돈이 들어오는 수익 구조에서 벗어나고 싶었다. 월급은 맘에 들었으나 안정적으로 돈이 들어오는 구조는 아니었기에 안정적인 돈이 들어오면 세일즈를 일부 내려놓을 수 있을 거 같았다. 일단 나에게 안정감을 주는 것은 집이었다. 그래서 집을 먼저 장만하고 싶었고 어릴 때 주택에서 자라서 아파트보다는 전원주택 생활을 하고 싶었다.

그때 나는 여윳돈이 천만 원이 있었고 100평짜리 토지를 알아봤다. 내가 본 토지는 매매가가 2억 원이었다. 나는 그중 0.5퍼센트인 천만 원을 가계약금으로 걸기로 했다. 부동산 중개인이 계약금을 현금으로 가져오라 해서 분산투자해놓은 금융 상품들에서 돈을 찾았더니 가방에 만 원이 한가득 찼다. 나는 돈을 가져가 호기롭게 계약하고 나머지 잔금을 내기 위해 대출을 알아보러 은행으로 발걸음을 돌렸다. 그런데 은행에서 전혀 믿을 수 없는 얘기를 전해들었다. 내가 신용이 낮은 사람이며 대출이 불가하다는 것이다. 나는 무슨 헛소리인가 싶었다. 그럴 것이 나는 소득도 높고 빚도 없었기 때문이다.

은행 창구 직원은 내 직업에 관해 설명해주었다. 내 직업은 프리랜서 직종이며 세금도 사업소득세로 신고하기 때문에 세금을 적게 내며 월급이 일정치 않아 대출이 어렵다는 것이다. 나는 잔금을 치르지 못할 것에 대해 중개인에게 내 사정을 얘기하며 일부라도 돈을 돌려받고 싶었지만 중개인은 내 사정은 안중에 없었다.

지금 생각해보면 아마 땅 주인과 계약금을 나눠가졌을 것 같다. 이렇게 난 하루 만에 천만 원을 날렸고 부동산은 아직 시기가 아닌 것 같다고 판단되어 다시 서점에 가서 재테크 관련 책을 찾아보았다. 그중에서도 주식과 경매 관련 책을 몇 권 샀다.

책을 읽어보니 주식은 의외로 소액으로도 할 수 있었다. 당시 증권사 계정이 있었기에 주식 매수는 어렵지 않았다. 장 개장에 맞춰 현대증권에 직접 가 추천종목 몇 개를 매수했다. 나는 3개월가량 월급날마다 증권사에서 산 주식의 수익을 확인하였다. 그러나 마이너스 수익률이 계속됐고 돈을 더 잃기가 두려워 손절매하고 말았다.

패찰, 패찰 낙찰가의 도움에도 또 패찰

주식도 정답은 아닌 듯하여 부동산을 좀 더 싸게 살 수 있는 경매를 살펴보았다. 주식 책도 어려웠지만 경매 책에는 모르는 용어가 더 많았고 내용도 잘 이해되지 않았다.

그래서 공부할 방법을 찾다가 명지대학교에서 진행하는 부동산과 수업 중에 경매 과목이 있다는 걸 알게 됐고, 시간을 쪼개 매주 강남으로 가 3개월 수료 과정 수업을 들었다. 난 곧 부자가 될 것만 같았고 권리분석도 잘하며 낙찰을 받을 수 있을 것만 같았다. 하지만 수료 후 막상 혼자 해보려니 두려움이 너무 컸다. 또한 수업 내용도 잘 기억나질 않았다.

그때 경매 유료 사이트가 있다는 걸 알게 됐다. 회원가입을 하면 입찰마다 분석해주며 낙찰가도 알려준다는 것이었다. '이렇게 편한 게 있는데 그동안 왜 공부를 한 거지?' 생각하며 유료 회원에 가입했다. 추천 물건도 소개받고 내가 입찰 보고 싶은 매물도 의뢰했다.

그중 내가 의뢰한 물건 위주로 상담하고 법원에 같이 가 입찰 도움도 받았지만 낙찰은 한 건도 받지 못했다. 계속 패찰만 하다 보니 신뢰가 가질 않았다. 법원에 오가는 차비만 더 지출되었다. 처음 도전해본 경매에 대한 흥미는 이렇게 잃어버리고 말았다.

인생의 멘토가 된 책을 발견하다

나는 책을 통해서 나의 모자란 지식을 많이 채웠다. 자연스레 독서가 나의 취미 활동이 되었고 서점에서 보내는 시간이 많아졌다. 서점에서 책을 고르는 시간이 즐거웠고 어느 때와 같이 이 책 저 책을 탐독하다가 책 한 권을 발견했다.

바로 프롤로그에서부터 말한 《부자 아빠 가난한 아빠》였다. 책의 분량은 상당했지만 시간 가는 줄 모르고 읽기에 바빴다. 그리고 저자는 내가 삶을 보는 방식과는 전혀 다른 관점으로 세상을 바라봤다. 이 책의 저자인 로버트 기요사키는 직업과 회계를 알아야 하며 진정한 자산이 무엇인지 알아야 한다고 강조했다. 이해력이 좋지 않아 저자의 말이 다 이해가 되지는 않았지만 내가 저자를 좋아하게 된 것은 진정한 부자가 되기 위해 돈을 어떻게 벌어야 하는지에 대해 잘 설명되어 있었기 때문이다.

기요사키는 돈을 버는 직업군을 크게 4개의 그룹으로 나누었다. 월급쟁이 종사자, 전문직 종사자, 기업체 운영자, 투자자 그룹이었다. 또한 기업체와 투자자 그룹이 돈을 더 많이 벌고 여유시간이 많다고 했다. 나는 보험 세일즈를 배우고 있긴 했지만 환갑이 넘어서도 고객들을 찾아다니며 상품을 판매하고 싶지는 않았다. 은퇴해서는 좀 쉬면서 자유를 느끼고 싶었다. 그리고 돈 없이 은퇴하고 싶지 않았다. 노후 생활비가 충족된 상태에서 남들보다 좀 더 빨리 은퇴하고 싶었다.

하지만 어떻게 준비해야 할지 몰랐는데 한 권의 책으로 엉클어진 실타래를 풀 수 있었다. 나는 기업가 그룹으로 도약하기 위해 여유시간을 활용해 할 수 있는 장사를 알아보기 시작했다. 장사를 선택한 이유는 가게를 차리면 내 편이 되어줄 친형이 있었기 때문이다. 그렇게 난 교차로 신문지의 매매 정보를 찾아보면서 기업가의 꿈을 키워갔다.

나의 삶을 뒤바꾼 사업의 길

스물여덟 살, 첫 장사에 도전하다

교차로 신문을 찾아보며 우선순위를 둔 점이 있다면 당연히 가격이었다. 경험이 없었기에 매장 분석도 할 수 없어서 모아놓은 목돈으로 구매할 수 있는 매물이 있으면 보러 갈 심산이었다. 매일매일 신문지를 펼쳐보며 찾던 중 눈에 띄는 매장이 보였다. 인수 금액이 2천만 원대여서 인수가 가능했다.

일단 매장을 알아보기 위해 전화를 걸어 방문 약속을 잡고 한가한 시간에 방문했다. 내가 간 곳은 세탁소였고 카운터에는 남자 사장님이 계셨다. 사장님은 나에게 자신이 세탁공장과 수거 배달 매장을 운영 중인데 일손이 모자라 수거 배달 매장을 팔고 싶다고 했다. 내용을 들어보니 특별한 세탁 기술은 필요 없다고 했다. 다만 배달만 정확하고 빠르게 해주는 게 노하우라고 했다. 수거 배달 전문점이어서 매장 안에서 세탁을 안 하고 세탁공장에 맡기면 빨래와 건조를 해서 가져다주는 시스템이었다.

난 의심도 고민도 하지 않고 덜컥 또 일을 저질렀다. 이를 계기로 난 세탁소 사장님과 3개월 뒤 동업을 시작했다. 훗날 이 동업이 나에게 큰 시련으로 다가오게 될 것을 당시엔 몰랐다.

빨래하는 일이 이렇게 힘들 줄이야

인수한 세탁소는 '세탁마을'이라는 상호를 사용했다. 세탁소 인수까지는 2주도 걸리지 않았다. 친형은 맡은 바 일을 잘 해내주었다. 나도 처음 하는 장사라 애착이 많이 갔다. 낮에는 보험 일을 하며 저녁 시간에는 형을 도와 세탁소 업무를 봤다.

주로 내가 한 일은 옷을 맡긴 손님들에게 전화를 돌린 뒤 옷을 배달해드려도 되는지 물어보고 방문 가능하다고 하면 옷을 배달하는 일이었다. 그런데 우리 측 실수로 옷을 변상하거나 재고가 남는 일이 빈번히 발생했다.

우리 측 실수는 맡겨놓은 옷 중 일부가 분실되거나 얼룩이 빠지지 않거나 실수로 옷을 못 챙겨와 두 번씩 배달을 가야 하는 일 등이었다. 이런 잦은 실수로 인해 힘든 게 이만저만이 아니었다. 매장에 세탁하는 기술자가 없으니 운영도 어렵고 옷을 맡기고 안 찾아가는 사람들이 있어 작은 매장에 옷들도 쌓여가기 시작했다.

또 환절기가 지나면 이불을 맡기는 손님들이 있었는데 이불은 단가가 비싸서 수입이 좋았다. 그러나 이불 손님의 단점은 물빨래하면 안 되는 제품이 있다는 거였다. 당시 이불 관련 용어가 낯설어 외우진 못했는데 이러한 상황도 있었다. 한 여성 손님이 신혼여행지에서 이불을 사왔는데 그 이불이 유명한 캐시미어 제품이란다. 이 제품은 물빨래가 아닌 스팀으로 빨아야 하는데 우리가 물빨래를 해버려 이불을 망쳤다고 보상을 요구한 것이다. 그러면서 이불 가격이 100만 원이 넘는데 어떻게 할 거냐고 막 따지고 들었다.

살아생전 빨래를 해본 적이 없는데 이런 상황이 닥치니 빨래하는 것이 얼마나 힘든지 깨달았다. 이미 물빨래된 이불은 푹 꺼져 있었고 오~마이 갓~!! 장사가 너무 힘들다는 걸 깨닫게 되었다.

세탁소 사장의 달콤한 두 번째 제안

세탁공장 사장님과 상의 후 손님에게 변상하기로 하고 손님이 요구한 금액의 절반을 보상해줬다. 내가 신혼 선물을 망치고 말았다. 이 일이 있고 난 후 이불 손님들에게 트라우마가 생겼고 두려움이 앞섰다. 행여 이불을 들고 오면 소재에 대해 꼭 물어보고 이불을 받았다.

이런 힘든 상황을 극복하며 한 달, 두 달, 석 달이 지나도록 제대로 된 정산을 보기가 힘들었다. 처음 인수할 때 제시한 수익만큼 이익금이 남지 않았다. 형의 급여를 주고 나면 오히려 적자인 달도 있었다. 원인을 찾기 위해 매장을 판 세탁공장 사장님에게 따졌다. 답변은 간단했다.

자신이 운영했을 때보다 매출이 떨어졌다는 것이다. 내가 인수하자마자 사장이 보여준 평균 매출이 유지되지 않는다는 것이 이해되지 않았다. 그래서 허위로 매출을 작성한 게 아닌가 의심됐다. 또한 사장은 매장에서 수거해온 옷들을 세탁해주는 비용을 명확하게 하지 않았다. 내가 인수한 대리점은 수거 배달의 형태였고 세탁은 매장을 판 사장에게 맡겼다. 수지타산이 맞지 않아 매장을 다시 사장에게 팔려고 했다.

그러자 사장님은 나에게 달콤한 제안을 했다. 현재 매장을 내가 산 가격 그대로 인수할 테니 두 개의 매장을 추가로 공동 투자하여 오픈하고 수익을 5대 5로 하자고 하는 것이었다. 대리점 하나 차리는데 3천만 원이라고 하면 총투자금 1억 원 이하에, 월 수익이 500만 원은 될 것 같았다. 난 이번 기회에 매장 두 개를 더 내서 수익을 더 가져가고 싶었다. 그래서 노후를 위해 준비하고 있던 펀드를 해약하고 보험약관 대출을 받아서 돈을 마련하기 시작했다. 이때부터 비록 동업이지만 세탁소 매장 세 개를 운영하는 사장이 되었다.

1억 원 투자하고 시간만 허비하다

창업 시 사람들은 동업이 좋은지 나쁜지 물어본다. 나는 한 번은 해보길 권한다. 나의 경우 아이템 선정이나 운영 노하우가 없어서 사장님에게 끌려다녀야만 했다. 의사결정에 어려움이 있었고 세탁에만 전념할 수 없어서 전반적인 경영을 사장님에게 맡겨놓았다.

그런데 사장님은 매장을 연 이후에는 관리에 크게 신경 쓰지 않았다. 방탕한 생활을 좋아했고 거짓말로 자신의 이동 경로를 숨겼다. 이런 불만이 차츰 쌓여갔고 이익금도 만족스럽지 못해 손해 보더라도 빠지려고 했다. 보험 일에만 집중해도 500만 원 이상 버는데 장사에 1억 원을 투자하고 직접 노동까지 하며 버는 돈이 500만 원이라는 것에 만족이 안 되었다.

그래서 평소에 내 상황을 알고 있는 동네 선배에게 얘기하니 선배가 인수하고 싶다는 것이다. 그래서 사장에게 매각하자고 제의했고 사장은 매각하는 것에 동의했다. 동네 선배에게 인수를 마무리 짓자 사장은 자신을 믿고 한 번만 더 공동 투자해서 새로운 것을 해보자고 했다.

나는 여기서 두 번째 선택을 해야 했다. 1년이 넘도록 금전적으로 이득을 본 게 딱히 없다는 것과 노동도 하긴 했지만 형과 같이 일할 수 있어 좋았다는 것. 그런데 이제 형은 일자리를 잃어버렸고 나 또한 시간만 허비한 것 같아 어떤 형태로든 보상을 받고 싶었다. 그래서 사장의 제안을 수락했고 두 번째 아이템인 요식업의 길로 들어서게 됐다.

지치지 않고 나만의 아이템을 찾아 나서다

3개월 안에 3개의 매장을 열라고?

부어는 독일어로 순수한 농부다. 2008년 봄은 대한민국에서 저가 치킨이 유행한 시기였다. 당시 KFC 치킨의 매콤한 프라이드가 인기였는데, 이 KFC 치킨 저가형 콘셉트의 치킨집들이 막 생겨나기 시작했다. 부어치킨도 저가형 콘셉트의 치킨집 중 하나였는데 전국에 200개 정도 점포가 있을 때 충청남도 총판권을 두고 사업을 진행했다.

총판권은 대전지점에서 관리했다. 대전지점 사장은 대구 사람으로서 처음에는 간, 쓸개 다 줄 것처럼 응원을 아끼지 않았다. 계약 조건은 3개월에 세 군데의 매장을 오픈시키면 별도의 비용 없이 총판권을 주는 것이었다. 그래서 사업을 진행하기로 하고 전략을 구상했다. 우리의 전략은 직영점으로 세 군데 오픈을 시키고 각 점포마다 한 명씩 관리하는 것이었다.

우리의 오픈 매장 리스트는 충청남도 서천, 송악, 부여이었고, 순차적으로 오픈시킨 후 서천 관리자는 친형, 송악은 사장, 부여는 내가 맡기로 했다. 한 개의 점포당 4천만 원 이상 드는 창업비여서 빠른 속도로 진행되는 상황에 부담감이 컸다. 또한 우리는 유통공장도 준비해야 했다. 물건도 직접 제조하여 대리점에 납품하는 사업도 동시에 준비해야 해서 계속 병행 중이던 보험 일은 거의 할 수가 없었다.

일단 서천에 내려가 점포를 알아보았다. 시내로 들어가는 초입에 자리가 나왔다. 권리금이 500만 원이라 우리는 창업비를 낮추기 위해 다른 곳을 알아보았다. 하지만 시내 안쪽으로 들어갈수록 보증금이 비쌌다. 우리에게는 시간이 정해져 있었기에 시간을 오래 끌 수가 없었다. 다시 다방 건물로 가 주인과 협의를 하고 첫 번째 매장을 계약했다.

인테리어는 세 개 매장 전까지는 본사에서 진행하기로 해서 우리는 인테리어 기간 동안 두 번째 타깃인 송악으로 매장을 구하러 움직였고 친형은 대전지점에 가서 유통에 필요한 업무를 익혔다. 송악은 상권이 항아리 상권이었다. 송악 이주 단지라 불리는데 현대제철이란 대기업이 들어오면서 막 부흥하기 시작한 신흥 상권이었다. 매장은 서천점과 비교하여 권리금도 없고 월세도 100만 원 이하인 데다 매장 평수가 서천점에 2배가량 되었다. 서천점 인테리어가 다 끝나고 송악점 인테리어를 맡긴 뒤 서천점 오픈을 위해 우리 셋은 매장에 모였다.

갑작스럽게 생긴 부어치킨 점포 유통권

오픈 당일 행사를 진행했다. 기본 프라이드 가격이 6,900원이면 4,900원에 팔았다. 하루 300마리 한정판매인데 닭이 다 팔릴까 의문이었다.

광고라고는 공사 시 오픈 행사 현수막 붙인 게 전부였고, 오픈 전단지 한 번 돌린 게 끝인데 과연 사람이 올까? 300마리 다 튀길 순 있을까? 닭은 어떻게 튀기는 거지? 많은 걱정 속에서 2008년 5월 드디어 가게를 오픈했다. 당시 나레이터 모델을 고용하고 음악을 틀며 행사를 진행했다.

매장 문을 8시에 열어서 닭을 튀겨내기 시작하는데 오전 내내 사람이 없는 것이다. 그런데 닭만 계속 튀겨서 수북이 쌓아 놓고 있으라고 하니 의심이 저절로 들었다. 저 튀겨놓은 많은 닭을 다 먹어야 하는 걸까? 생각이 드는 순간, 서서히 동네 사람들이 와 한 마리, 두 마리 사가기 시작했다.

복도가 좁았기에 매장 안에 입장할 수 있는 사람은 많아야 3명 정도였는데 사람들이 모여들더니 줄을 서는 게 아닌가? 길게 늘어선 줄은 좀처럼 줄어들지 않았고 밤 10시가 되도록 그 행렬은 이어졌다. 우리는 준비한 300마리를 모두 팔고 더 이상 재고가 없어 양해의 말씀을 드리고 오픈식을 끝마쳤다.

고된 노동도 노동이지만 이렇게 잘될 거라 생각도 못했고, 이런 광경을 처음 보니 뿌듯함도 몰려왔고 무엇보다 확신이 들었다. 성공할 수 있겠다는 자신감이 들었다. 다음 날 우리는 세 번째 매장을 구하기 위해 힘차게 부여로 달려갔다. 부여는 문화재가 많은 도시다. 그래서 상권이 정해져 있었고 신규 건물이 문화재 보호 지역이라 들어설 수가 없다. 우리는 구 중심지에서 상권을 찾아야 했는데 터미널 옆에 작은 점포가 눈에 들어왔다.

지금까지 구한 점포 중 보증금이 가장 쌌는데 500만 원밖에 되질 않았다. 마지막 점포는 창업 비용이 좀 저렴할 거란 기대감에 부동산 계약을 마치고 대전지점과의 미팅을 잡았다.

우리는 3개월 안에 모든 점포를 오픈시켰다. 그런데 대전지점 사장은 우리의 기쁜 마음을 한순간에 짓밟고 말았다.

사전에 얘기가 없던 총판권에 대한 비용을 청구한 것이다. 왜 없던 내용을 청구하는지 묻자 현재 운영 중인 매장이 동대동점, 죽정동점, 홍성점인데 세 군데와 충청도 내 점포 유통권을 줄 테니 3천만 원을 총판비로 내라는 것이었다. 세상 이런 양아치가 있을까? 나이도 있으신 양반이 이렇게 젊은 사람 뒤통수를 쳐도 되는 건가 싶었다.

이미 대리점 창업으로 돈을 지출하고 유통공장 진행과 부여점을 계약한 상황이었다. 한 푼이 아쉬운데 여기서 생돈을 쥐어줘야 할 판이었다. 갖은 호소를 하며 처음 약속 그대로 이행해달라고 했지만 뱀파이어처럼 차가웠다.

그럼 부여점 개설을 포기하고 대리점 창업 비용 대신 3천만 원을 총판비로 지급할 테니 능력을 인정해달라고 했다. 결국 이 조건으로 힘겹게 합의가 이루어져 2010년 8월 15일 부어치킨 총판권을 가져오게 되었고 부여점 부동산 계약금 50만 원은 포기하고 말았다.

네 개 이상의 일을 하다

부어치킨 총판 합의가 마무리 지어지고 아이템을 하나 더 고민해보기로 했다. 그러다 생각이 든 게 홍합을 메인 메뉴로

한 술집을 운영해볼까 하는 것이었다. 술은 마진이 좋으니 중심 상권에 아지트 형식으로 하나 만들어놓고 싶었다. 일이 끝난 후 편하게 와서 먹고 마실 수 있는 술집을 생각했다.

그러나 모든 걸 쏟아부은 직후라 투자금이 없었다. 계속 기존 사업에 돈 들어갈 일이 많았다. 그래서 투자금이 적은 사업 아이템이 필요했는데 마침 적당한 것이 매운 콘셉트였다. 세탁소 사업 시 알게 된 지인의 어머님이 평택에서 매운 닭발과 족발로 유명하시다고 했다. 그래서 매운 콘셉트로 만약 사업을 한다면 소스는 택배로 보내주고 조리 방법도 알려주겠다고 제안해왔다.

마침 닭 사업도 하고 있으니 아이템의 연관성도 있고 술도 팔고, 배달도 할 수 있어서 일석이조 아이템으로 느껴졌다.

투자비가 관건이었는데 돈이 없던 터라 투자금을 낮추고 싶었다. 그래서 지분을 30퍼센트씩만 가져가기로 하고 사장과 나 그리고 세탁소를 인수했던 동네 선배까지 셋이서 매장을 공동 운영키로 했다. 매장은 20평대의 비교적 큰 평수에서 오픈할 수 있었다.

그 당시 나의 일과는 보험회사에 출근해 아침 조회를 하고 영업 활동 후 점심 때 서천으로 넘어가 치킨집 문을 열고 알바생이 4시에 오면 매장을 맡기고 보령 유통공장에 가서 닭을 썰다가 밤 11시가 되면 매운 족발, 닭발집에 가서 조리도 하고 배달도 다녔다. 그렇게 새벽 2시쯤 마감을 짓고 귀가하는 식이었다.

'매운 족발, 닭발집'은 야식집 콘셉트라 좀 더 늦은 시간까지 영업해야만 했다. 그리고 조리에 대한 교육이 약해서 제품 손실이 컸다. 족발엔 앞족도 있고 뒷족도 있는데 우리는 미니족을 원팩으로 받아서 썰고 난 뒤 양념을 묻히고 숯불에 굽는 방식이었다. 그런데 양념을 골고루 익히기 어려워 항상 타는 부분이 생겨났고 가스버너 위로 양념이 떨어져 구멍을 막아 버너가 쉽게 망가졌다. 미리 조리 테스트를 했어야 했는데 그러지 못했고, 오픈 후 막상 조리해보니 문제점이 한둘이 아니었다.

운영은 혼자서도 가능했지만 조리 시간이 길다 보니 손님들도 기다리다 지쳐 돌아가곤 했다. 내 몸은 고된 육체노동에 점점 망가져갔고 수면 부족으로 운전할 때는 늘 졸음운전이 따라붙었다. 육체적으로 이러다가 정말 죽겠구나 싶은 와중에 정신적으로 큰 충격을 주는 사건이 또 찾아왔다.

스물아홉에 월 3천만 원 순이익을 내다

송곳으로 찔린 듯한 동업의 결과

매운 족발, 닭발집을 오픈한 지 두 달도 지나지 않아 운영하던 선배가 따로 회의할 게 있다 해서 만나게 됐다. 내용인즉슨 부어치킨 운영에 지분이 있으니 챙겨달라는 것이다.

나는 영문도 모른 채 무슨 근거로 권리를 주장하는지 물었고 선배는 세탁공장 사장에게 돈을 투자했고 그 돈이 나랑 같이 한 부어치킨으로 투자됐다는 것이다. 그러니 자신에게 권리가 있다는 주장이었다. 알고 보니 애초에 사장은 부어치킨 총판권 때문에 매장을 오픈할 때 선배에게 돈을 빌려서 투자

한 것이었다. 아~ 송곳으로 머리를 찌르는 듯한 두통에 시달렸다. 난 세탁공장 사장을 만나서 사실 여부부터 확인했다. 내가 이만저만한 내용을 들었는데 사실이냐고 묻자 사랑은 오히려 자신이 만들어온 돈인데 무슨 문제가 있냐고 하는 것이었다.

그 말도 맞는 말이긴 했지만, 갑자기 누군가가 끼어들어서는 운영이 잘 안 될 것 같아 셋 중에 누가 운영할지 일단 정해야 했다. 그래서 사장이 내 투자금을 빼주든지 아니면 내가 사장이 선배한테 빌린 돈을 빼주어야 했다. 당시엔 내 투자금이 가장 많았고 명의도 친형으로 해놨기 때문에 내 선택이 우선순위였다. 결국 사장이 처음 투자한 돈을 돌려주기 위해 5천만 원과 송악점을 주기로 했다. 나는 이미 내 앞으로 신용을 다 끌어모아 투자한 상황이라 더 이상 모아둔 돈이나 대출을 받을 수 있는 상황이 아니었다. 이때가 사업을 하면서 정말 중요하고 힘든 첫 번째 시기였다. 평소 부모님에게 손 벌리는 걸 너무 싫어했고 힘든 모습이나 잘 안 되는 모습도 보여드리고 싶지 않았다.

결국 사장에게 줄 5천만 원을 구하기 위해 사방팔방 빌리러 다녔지만, 그 큰돈을 빌려줄 수 있는 사람은 없었다. 나는 금액을 2천만 원과 3천만 원으로 나누어 빌려야겠다고 판단했다. 빌려줄 수 있는 사람을 다시 추려보니 큰이모와 사촌 형이 떠올랐다. 사촌 형은 당시 LG전자에 입사해 일하고 있었고 큰이모는 항상 날 지지해준 사람이라 막연한 믿음이 있었다.

지금와서 생각해보면 무슨 용기가 있어서 갚을 수 있을지 없을지도 모를 큰돈을 빌려달라고 했는지 모르겠다. 아마도 난 사업을 포기하고 싶지도 빼앗기고 싶지도 않은 마음이 컸던 것 같다. 우선 수원에 사는 이모에게 달려갔다. 저녁에 찾아가 큰이모에게 진지하게 얘기했다. 사업을 하는데 돈이 필요하다고 3천만 원만 빌려달라고 말했다. 대신 엄마에게는 비밀로 좀 해달라고 했다. 꼭 300만 원씩 10개월에 걸쳐 나누어 갚겠다고 했다. 큰이모는 마침 적금 탄 돈이 있는데 그 돈을 빌려주겠다고 했다. 지금 생각해도 너무도 고마운 이모다. 내가 망하면 이자는 고사하고 원금도 못 받을 수 있는데 선뜻 빌려주셨으니 말이다.

이제 사촌 형을 만나러 가야 했다. 사촌 형은 월급이 적은 건 아니지만 많은 부분을 생활비로 쓰고 있어 바로 목돈을 빌려주기가 힘들다고 했다. 순간 나는 절망했다. '아~ 누구에게 찾아가야 하지?', '친구들에게 100만 원씩 20명에게 빌려야 하나?' 내가 이미 다른 누군가를 생각하고 찾고 있을 때 사촌 형은 이렇게 말했다. "마이너스통장 개설하면 2천만 원까지 가능한데 시간이 좀 걸릴 텐데 기다려줄 수 있냐?" 난 괜찮다고 도와만 달라고 했다. 형에게도 너무너무 고마웠다.

나는 이렇게 짜낼 대로 짜낸 오징어에서 단물을 더 뽑아내듯 5천만 원을 빌리고 나서야 자신감이 섰다. 세탁공장 사장은 내가 돈을 만들어오지 못할 줄 알았을 거다. 그동안 쏟아부은 내 자금 상황을 알았기 때문이다. 난 며칠 뒤 삼자대면으로 다 같이 모이자고 했다. 그리고 내 의사를 얘기했다. 돈을 빼줄 테니 내가 모든 경영권을 갖기로 하고 서로 감정싸움 더 하지 말고 헤어지기로 말이다.

2010년 겨울, 정말 힘겹고도 피 말리는 시간이었다. 동업을 하며 권리금 장사, 매장 운영 방법 등 배운 게 크지만 모르는 것도 커 동업자에게 너무 의지한 나머지 하마터면 피땀 흘려 만들어온 사업체를 뺏길 수도 있는 상황이 될 뻔했다.

2년 만에 25개 점포를 출범시키다

이제 본격적으로 부어치킨 가맹사업을 진행해야 했다. 1년 안에 빌린 돈을 갚기 위해 난 보험업을 병행하며 매장에서도 수익을 극대화하기 위해 권리금 작업을 병행했다. 기존 매장 중 난 서천점을 맡기로 했는데 서천점을 정리하고 그 돈으로 신규 점포를 출범하려고 계획했다.

저녁 시간 알바생에게 서천점을 팔기 위해 교차로에 내놓을 예정이니 매장을 사겠다고 오는 사람이 있으면 알려달라고 했다. 그런데 알바생이 자신이 인수해도 되냐고 물었다. 권리금 없이 매장 오픈 시 들어간 비용만 받으려고 하긴 했지만 알바생이 돈이 어딨을까 싶어 인수할 금액이 있는지 물었다. 알바생은 아버지에게 얘기해서 승낙하면 자기가 돈을 빌려서라도 가게를 인수하고 싶다고 했다. 다음 날 알바생은 승낙을 받았다며 아버지 명의로 인수인계 요청을 했고 난 기쁜 마음으로 가게를 넘겨주었다.

그리고 다음 후보지로 간 지역이 청양이다. 청양은 소도시이지만 전문대학교가 있고 먹거리 성향이 강했다. 처음에는 판매량보다는 모든 도시에 내 매장을 다 출범시킨다는 목표로 막무가내로 분석 없이 진행했다.

부어치킨 청양점은 첫 스타트가 좋았다. 겨울에 오픈했는데 인테리어 공사며 모든 진행을 혼자 결정하면서 할 수 있었기 때문이다. 또 군대 후임이 대전에서 부동산 일을 하고 있어 자신의 고향인 논산에서 창업도 하고 영업도 할 테니 자신을 통해서 신규 문의가 오는 것은 수수료를 챙겨달라고 했다. 매장도 오픈하고 영업도 해온다고 하니 나로서는 든든한 아군이었다. 그렇게 가맹사업도 후배가 도와줌으로써 사업 속도에 탄력을 받기 시작했다.

드디어 대망의 청양점이 오픈하고 하루 매출이 100만 원 이상 나왔고 대부분 젊은 남자들로 직원을 채용했다. 20대 초반이다 보니 자연스레 젊은이들에게 인기 장소가 되었다. 매장은 한마디로 초대박나고 나는 다음 매장을 동시에 두 군데 진행했다.

매니저는 청양점 직원들을 파견 보내기로 하고 광천점과 홍성점 두 지역에 바로 공사를 진행했다. 그리고 한 달에 두 건씩 가맹점을 오픈하니 2012년쯤에는 내가 맡은 권역에 25개 점포를 출범시키고 더 이상 개설해줄 곳이 없었다. 불과 2년도 안 되는 기간에 이뤄낸 성과였다.

유통은 형이 맡아서 관리하고 직영점은 대리점 체계로 변환시키고 나니 당시 내 나이 스물아홉에 3천만 원의 순이익을 벌었고 시간적으로 자유로웠다. 내가 보험업에서 노후대비를 위해 장사를 선택하고 준비한 지 3년이란 짧은 시간에 이뤄낸 쾌거였고 드디어 부자가 된 것만 같았다.

서른 살,
첫 번째 큰 실패를 겪다

더 큰 성공을 원했으나……

부어치킨 가맹점을 25개 정도 출범시키고 난 뒤 생활은 여유로웠고 병행하던 보험 일도 순탄했다. 당시(29세) 순이익이 3천만 원 이상이어서 목표한 바를 이루었지만 시간의 소중함을 알고 있었기에 다른 무엇인가에 몰두할 대상이 필요했다.

이제 해가 바뀌면 나이의 앞자리 숫자가 2에서 3으로 바뀌는데 나는 이 숫자에 나름 많은 의미와 동기부여를 한 상태였다. 30대의 시작은 20대와는 다르게 더 멋지게 살고 싶었고 삶의 질이 더 올라갔으면 하는 갈망이 컸다. 그래서 새로운 도전을 하고 싶었다.

신사업을 검토하던 중 부어치킨 운영권처럼 새로운 브랜드 운영권을 사서 경영한다면 더 큰 소득을 벌 수 있을 것 같았고 브랜드를 검색하던 중 '치킨팩토리'라는 브랜드를 알게 되었다. 점포 수는 5개 정도였지만 '무한 리필'이란 게 마음에 들었다.

마침 본사에서 이제 지사 운영자를 찾고도 있었다. 내가 바라본 건 일반 매장이 아닌 무한 리필이니깐 매장이 운영만 잘 된다면 닭은 엄청 나가겠다는 촉이 왔다. 단순히 닭이 많이 나가면 유통도 커질 거로 생각한 것이다. 총 투자금은 계산해보니 2억 원 정도 필요했다.

치킨팩토리의 충청도 영업권을 사는 데 5천만 원, 50평 정도의 직영 매장을 공사하고 오픈시키는 데 1억 원, 물류창고 짓는 데 5천만 원 정도였다. 난 아무래도 혼자 리스크를 가지고 가는 것보다는 이익을 적게 가져가고 일도 분산해서 하는 게 좋겠다고 판단되어 운영해줄 사람을 찾아 50퍼센트의 지분을 주고 투자금을 1억 받았다. 공사는 2012년 무더운 여름부터 시작되었다. 한 달이란 시간을 두고 모든 일을 진행했는데 인부들과 같이 현장 일도 하면서 많은 애정을 느끼며 매장을 돌봤다.

매장 운영은 지인에게 맡겼는데 보조가 필요해서 부어치

킨 청양점에서 같이 일해준 점장을 다시 채용했다. 두 달여가 지나고 드디어 오픈일을 맞았다. 많은 축하 화환과 손님이 끊이지 않고 들어왔다. 이렇게만 장사가 된다고 하면 문제가 없어 보였다. 이 사업도 성공한 듯 보였다. 그런데 문제는 본사에서 발생했다.

갈수록 적자가 누적되다

매장 메뉴 중 치킨은 닭을 숙성시켜야 했다. 숙성을 위해서는 양념이 필요했는데 양념을 본사에서 구매해서 사용했다. 그런데 오픈한 지 한 달이 지나자 본사에서 양념 공급이 원활히 안 되는 것이었다. 본사는 연락이 안 되며 가끔 연락이 닿으면 운영이 어렵다고만 했다. 한마디로 본사가 망해가고 있는 것이었다. 오픈을 하고 얼마 지나지 않아 본사에 문제가 발생했고 대리점인 우리 매장도 서서히 매출이 줄어드는 현상이 나타났다.

3개월째 매장을 운영 중이던 지인은 회의를 요청했다. 회의의 요점은 첫 달을 제외하고는 자신의 인건비도 안 나온다는 것이었다. 무언가 탈출구가 필요했고 이 상황은 어디서 많이 본 듯한 그림이었다. 마치 첫 세탁소를 인수한 내 모습을 보는 것 같았다.

지인이 자신의 투자 금액을 빼달라고 요구해왔고, 앞으로 운영도 직접 맡아달라고 했다. 전반적인 일에서 빠지고 싶다는 얘기였다. 갈수록 적자가 계속 발생할 것 같고 일만 하는 꼴이니 이해는 되지만 잘되면 안 빠질 거였으면서 안 되니 미리 발을 빼는 모습이 좋지 않았다. 나는 동의해서 같이 시작했으니 망한다 해도 같이 손해봐야 하는 거 아닌가 생각했지만, 지인은 나와 다른 생각을 갖고 있었다.

나는 하루 고민한 끝에 원금을 바로는 못 빼주니 대출을 받아서 50퍼센트 먼저 주고 나머지 50퍼센트는 3개월에 걸쳐 나눠주겠다고 했다. 이때부터 난 육체적으로도 정신적으로도 많은 스트레스에 시달리게 된다.

되살리고 싶은 마음에 발버둥 치다

나의 불안감은 곧 현실로 다가왔다. 일단 본사가 망하니 제대로 된 운영 원칙을 배울 수 없었고 물류도 엉망이었다. 매장도 첫 달만 제외하고는 두 번째 달부터 적자가 발생했다. 물류 공장도 가동이 안 되니 월세만 내는 형국이었고 두 곳에서 발생하는 적자를 어떻게든 보완해야만 했다. 지금 생각해보면 많은 문제점이 있었다.

1. 본사를 제대로 검증하지 않았다(직영점 수익 검증 부족).
2. 아이템 선정을 잘못했다(시장 흐름에 관한 낮은 이해도).
3. 운영자 선택을 잘못했다(경력이나 교육 부족).
4. 시스템을 가지고 있지 못했다(안정적인 유통망 등).
5. 지분의 관계 정리가 미흡했다(법률적인 서류 준비 부족).

일단 물류 공장과 매장은 30킬로미터 떨어져 있어 물리적인 시간상 공장 운영에 매진해 있을 수가 없었다. 그래서 물류 공장을 살릴 수 있는 방법이 없어 업종 변경을 시도했다. 평수가 30평 정도 규모였는데 그곳을 음식업으로 변경해서 통닭집으로 허가를 맡은 뒤 직원 한 명을 채용하고 장사를 시작했다.

시골이라 그런지 대부분 아주머니가 면접을 보러 오셨고 그중 한 분을 채용해 통닭집 장사를 맡겼다. 그리고 치킨팩토리 매장도 업종을 바꾸고 영업시간을 늘려보자고 결정했다. 매장 위치가 먹자 상권에 있어서 점심시간이면 사람들이 모이는 곳이었다. 그래서 점심 장사를 하기로 하고 바로 배울 수 있는 멸치국수를 선택했다. 육수는 미리 끓여놓고 면만 삶아 나가면 될 것 같아 앞뒤 생각 없이 바로 시도했다. 그릇이며 젓가락도 즉각 구입하고 현수막도 만들었다. 낮에는 국숫집, 저녁엔 치킨집 장사가 잘됐을까? 아니, 한 그릇, 두 그릇 사놓은 그릇이 남아돌았다. 끓여놓은 육수도 남아돌았다. 아까워서 나의 점심은 항상 국수였다.

네이버는 나의 요리 선생님

이 방법은 아닌 것 같았다. 다른 방법을 찾아야 했다. 고민하던 중 부어치킨 논산점 후배와 얘기를 나누게 됐고 그 후배가 레스토랑을 추천했다. '서가앤쿡'처럼 오픈하면 저가형 레스토랑을 시골에서 인기가 있을 것 같다는 말에 이번엔 매장에다 레스토랑 준비를 시작했다. 요리의 경우 후배에게 "레시피는 어디서 구하냐?" 물어보니 네이버에 있다고 했다. 그렇게 나의 레스토랑 메뉴 조리의 스승님은 네이버가 됐다.

새로운 장사를 위해 인테리어를 손보고 간판도 새로 제작했다. 상호명은 '모모레스토랑', 메뉴는 목살스테이크, 새우필라프, 소고기필라프, 까르보나라, 토마토파스타였다. 준비를 마치고 장사를 시작했다. 손님이 드문드문 들어왔고, 그 중 한 손님에게 음식이 입에 맞는지 물었다. "음식은 먹을 만해요. 그런데 주방은 누가 봐요? 혼자 하시는 거예요?"라는 답변과 질문을 받았다.

난 직접 주문을 받으면 주방에 들어가서 요리를 했고, 요리가 완성되면 서빙을 했다. 혼자서 모든 일을 다 한 거다. 지금 생각해보면 '하루 아침에 간판에 바뀌고 닭 튀기던 사장이 파스타를 한다고?' 완전 코미디가 따로 없다.

몸은 점점 지쳐갔고 갑자기 손님이 몰리기라도 하면 음식을 뽑아내는 속도가 너무 느렸다. 그래서 네이버가 가르쳐준 기존 방식을 이용하지 않고 홈플러스에 가서 냉동 제품을 구매해 음식을 만들었다. 그러니 당연히 수지타산이 맞지 않았다. 다시 가게는 원점으로 돌아갔다. 적자의 상황으로 말이다.

이것저것 손대다 보니 빚만 늘었다

하루하루 힘겹게 버티고 있는데 물류 공장도, 매장도 장사가 신통치 않았다. 뭔가 변화를 줘야 했고 공장의 30평을 다 사용할 수 있는 음식점을 해야겠다고 판단했다. 모모레스토랑으로 바꾼 뒤 가끔 매장 앞 삼겹살집 사장님이 커피를 마시러 오셨는데 내 걱정을 많이 해주셨다.

'아빠의 청춘'이란 삼겹살집(보령점)이었는데 장사가 아주 잘되었다. 근데 사장님이 매장을 더 내고 싶지만 돈이 없다는 것이었다. 나도 자주 가는 삼겹살집이었고 사람들의 평도 좋았다. 그래서 사장님에게 저희 물류 공장에 공간이 있는데 2호점을 출범시키고 사장님이 관리해줄 수 있느냐 여쭤보니 할 수 있다고 해서 나는 하고 있던 통닭집 철거부터 시작해서 다시 돈을 투자하고 '아빠의 청춘' 청양점을 오픈시켰다. 매니저는 기존 아주머니에게 맡기고 마감이나 고기와 채소 등 재료는 보령점 사장님이 챙겨가며 관리를 했다. 관리 명목으로 이익금의 50퍼센트를 드리기로 하고 말이다.

이제 매장에서 운영 중인 모모레스토랑을 다시 살려보기 위해 머리를 싸맸다. 벌써 6개월이 지나가고 있는데 돈만 계속 투입되고 빚만 늘어나고 있으니 마음은 더 불안하고 초조해졌다. 그래서 결국 애초에 치킨으로 시작했으니 치킨으로 마무리를 지어야겠다고 생각을 바꾸고 50평의 큰 평수를 반으로 자르기로 했다. 그래서 20평은 임대로 주고 남은 30평으로 치킨 장사를 하기로 마음먹고 브랜드 검색을 했다.

직영점도 운영하고 가맹점 수도 10여 군데 이상인 브랜드를 알아봤는데 서울에 '짱닭치킨'이란 브랜드와 이야기가 잘 되었다. 그래서 대리점을 개설하기로 하고 다시 또 인테리어를 하고 메뉴와 배달 준비를 했다.

그리고 미리 구인 광고를 내서 직원을 모집했는데 모집 글을 보고 연락 온 사람이 치킨집에서도 일하고 싶지만 의류

쪽으로 경험이 있다며 서울에서는 병행수입(일반 수입업자가 여러 경로로 물품을 들여와 판매하는 일)이 반응이 좋으니 시골에서도 하면 잘될 것 같다면서 지금 내놓은 임대 공간을 자신이 병행수입 매장으로 사용하면 안 되는지 문의를 해왔다. 그러면서 낮에는 의류를 팔고 저녁엔 매장에서 일하면 일석이조이지 않냐기에 나쁘지 않아 보여 의류 인테리어까지만 투자해주고 월세 대신 이익금을 50퍼센트 받기로 했다. 그리고 치킨 매장에서 일하는 것은 별도로 급여를 책정해서 주기로 했다.

이렇게 난 'S컬렉션'이란 병행수입 매장과 '짱닭치킨'이라는 매장을 시작하게 되었다. 10개월 동안 치킨집, 레스토랑, 삼겹살집, 유통 공장, 통닭집, 의류 매장을 다 해본 것이다.

끝내 홀로 남겨지다

삼겹살집인 '아빠의 청춘' 청양점은 현상 유지는 되었다. 그런데 보령점 사장님이 매장 관리의 어려움을 토로하고 나왔다. 매장에 들를 때마다 매니저인 아주머니가 매일 손님들과 술을 마시고, 운영은 똑바로 안 하면서 말도 듣지 않고 고집을 피운다는 것이었다. 매니저와 면담을 해보면 시골이라 아는 사람이 오면 어쩔 수 없다, 바쁜 시간 때는 친구를 불러 도와달라고 하고 같이 일한다, 혼자 근무할 수 없다는 답이 돌아왔다. 결국 보령점 사장님은 관리가 안 된다며 손을 떼겠다고 하고 재료 구매가 가능한 곳을 알려주었다.

그런데 이제 호랑이가 없는 곳에 여우가 왕이라고 매니저가 왕 노릇을 했다. 재료도 아는 거래처로 다 바꾸고 청소는 항상 안 하고 퇴근하는 것이었다. 낮에 가보면 술병과 어지러운 상이 그대로 방치돼 있었다. 정말 머리가 아팠다. 나는 적자를 보더라도 가게를 팔기로 정하고 광고를 내놓았다.

그런데 동네에서 선배랑 커피를 마시다가 광고 내놓은 얘기를 했더니 자신에게 싼값에 주면 안 되냐는 것이다. 벌이가 시원찮아서 장사라도 더 해서 돈을 벌고 싶다는 것이다. 기존에 식당 경험도 있어서 현재 삼겹살 밑반찬이나 서비스를 더 높일 수 있다고 자신 있어 했다. 난 모르는 사람한테 헐값에 주느니 동네 형이라도 도와주자는 셈 치고 보증금 2천만 원만 받고 가게를 넘겨주었다.

힘들게 매장 하나를 정리하고 난 뒤 이제 짱닭치킨과 S컬렉션에 집중해야 했다. 그런데 이번엔 S컬렉션 사원이 일을 접고 서울로 올라간다는 것이었다. 운영한 지 8개월가량 지나고 다른 일자리가 생겨 이사를 가야 된다며 아쉬워했다. 이미 정해진 일에 내가 붙잡는다고 남아 있을 수 있는 상황도 아니라 다음에 서울로 놀러가겠다고 인사를 남긴 채 아쉬운 이별을 해야만 했다.

홀로 남겨진 난 낮에는 의류 매장에 앉아 있고 저녁엔 치킨집 운영을 했다(보험 일은 5년간의 활동으로 마무리하고 모모레스토랑을 공사할 때쯤 그만뒀다). 텅 빈 공간에 홀로 있으니 별의별 생각이 다 들고 초라한 내 모습에 고향에서 도망까지 치고 싶었다. 서른 살에 부푼 꿈을 안고 도약하려고 도전했지만 결국 서른한 살 겨울, 현실을 인정하고 모든 것을 포기한 채 고향을 떠났다.

실패의 나락에서 재기하는 방법

모든 것을 내려놓고 푸켓으로 향하다

아직 매장 임차 기간이 남아 있어 장사를 계속 해야 하는 상황이었지만 임차보증금에서 제하기로 하고 난 고향을 떠났다.

고향을 떠나 내가 향한 곳은 국내가 아닌 해외였다. 장사를 막 시작했을 때 고향에서는 나에 대한 이야기가 친구들 사이에서 많이 회자되고 있었다. 짧은 시간 안에 다른 업종의 장사도 많이 하고 나름 잘나가는 외제 차를 수시로 바꿔가며 까불고 다닌 덕에 술자리에서 내 이야기가 안주 삼아 오르락 내리락했었다.

그러던 중 친구들과 술자리를 하게 되면 내 이야기 외에도 졸업한 친구 중 증권 계통에서 성공한 친구가 있다며 안줏거리로 종종 들려오는 친구가 있었다. 시간이 좀 지나 한 친구의 아버님이 상을 당해 장례식장에 갔을 때 성공한 증권 계통 친구를 자연스레 알게 되었다. 그 이후 서로 왕래하며 가깝게 지냈는데 치킨팩토리 등 힘든 일을 겪은 뒤라 머리도 식히고 사업도 알아볼 겸 같이 푸켓을 나가게 됐다.

푸켓 일정은 따로 정해두고 가지는 않았다. 우리는 지인이 하는 사업에 사업성이 있는지 검토하러 갔던 거고 지인의 집에 거주하며 푸켓의 끝내주는 날씨를 만끽했다. 아침이면 가정부가 와서 청소해주었고 눈 뜨면 수영장에서 온종일 수영을 하다가 저녁이면 태국 친구들이 항상 양주를 가지고 오토바이를 타고 놀러와 함께 놀았다. 우리는 부어라 마셔라 하며 타국에서의 향기에 젖어 잠들곤 했다.

그렇게 2주 정도의 시간이 지나고 집안이 답답하여 우리는 여행을 계획했다. 근처 섬 중에서 '코사무이'라는 섬이 있는데 신혼여행지로도 많이 각광을 받았다. 우리는 이왕이면 힘들게 가기로 했다. 그래서 비행기를 타지 않고 자동차를 타고 이동하고 배를 이용하여 섬에 들어가기로 했다. 꼬박 하루가 걸렸다.

일주일간 호텔에 머물며 호캉스를 즐겼다. 섬 안은 아름다운 해변과 이국적인 건축물로 전혀 새로운 세상인 듯 보였다. 해변에서 먹는 음식과 맥주는 가히 일품이었고 오토바이를 하루 렌트해 섬 전체 투어를 하며 재밌는 시간을 보냈다. 또 스쿠버다이빙 프로그램에 신청하여 바닷속 아름다운 물고기도 볼 수 있었다. 점점 한국은 잊혀만 갔다.

우리는 다시 푸켓에 돌아와서도 근처 섬이나 도시를 여행했고 많은 추억을 남길 수 있었다. 한 달이 지나고 마음도 어느 정도 추스렸고 지인의 사업은 위험이 너무 커서 내가 도전하기에는 어려워 보였다. 그래서 혼자 한국으로 들어왔다.

통닭 한 마리 6천 원, 두 마리 만 원!

한국에 들어와 닭으로 재기를 하기 위해 하림, 올품, 체리부르 등 도계장(닭을 도축하는 곳) 영업 사원들하고 식사하며 원가를 절감해서 가지고 오는 방법이나 앞으로 시장 흐름이나 가격 변동선에 관한 정보를 얻었다. 도계장 영업 사원 중 한 사람과 얘기를 나누던 중 대전 유성에 오랫동안 닭을 유통시키고 프랜차이즈 사업도 하는 사람이 있다고 한번 소개해주고 싶다는 것이었다. 나는 멘토가 필요했기에 기꺼이 소개해달라고 했다.

소개받은 사장님은 유성 재래시장에서 '롱다리치킨' 상호로 프랜차이즈 사업을 하고 계셨고 매장 운영과 함께 재래시장에서 매주 4일하고 9일마다 열리는 오일장에서 닭을 튀겨 구경나온 사람들을 대상으로 노점 판매도 하고 계셨다.

나는 '롱다리치킨' 매장도 가보고 유성 오일장에도 가보았는데 두 사업 다 사람이 붐비며 잘되고 있었다. 일을 배워보고 싶어 닭에 대해 이것저것 물어본 후 충청남도 서부권역에서 오픈해도 되냐고 사장님에게 묻자 상호도 무료로 사용해도 된다고 했다.

하지만 매장을 오픈하기 위해서는 3천만 원은 있어야 했기에 목돈을 만들어야 했다. 그래서 세금을 내지 않아도 되는 노점 시장이 나에게는 무척이나 중요했다. 나라에 세금을 내고 싶지만 현실적으로 한 푼이 아쉬웠었다.

먼저 본가에 1톤 용달차 한 대가 있어 시간을 맞춘다면 빌려 사용할 수가 있었다. 이동 수단은 해결됐고 그다음 주방용품점에서 중고로 튀김기와 반죽 작업대, 기본적인 조리 기구를 구매했다. 마지막으로 충청남도 서부권역 장터에서 열리는 오일장 리스트를 뽑아서 날짜별로 목표 구역을 정했다.

목표 구역이 정해진 후 난 트럭에 튀김기를 싣고 보령 장날(3일, 8일), 당진 장날(5일, 10일), 청양 장날(2일, 7일), 홍성 장날(1일, 6일) 광천 장날(4일, 9일) 이렇게 다섯 군데의 장터를 돌아다니며 미친 듯이 소리쳤다.

"통닭 한 마리 6천 원, 두 마리 만 원!"

나는 너무도 절박했다. 여름에 파라솔을 챙겨오지 못할 상황이면 그대로 햇빛 가림막도 없이 닭을 튀겨야만 했다. 튀김기 열기에 닭 튀기는 것도 힘들지만 뜨거운 햇볕은 따갑기를 넘어 아프기까지 한다. 송공송골 맺힌 구슬땀이 떨어질 때면 마음씨 좋은 할머니들이 땀을 닦아도 주시고 음료수도 먹고 하라며 건네주고 가신다. 겨울에는 정말 새벽 공기도 차다. 그래서 장사를 시작하기 전 상인들과 소주를 한 컵씩 나눠 마시기도 한다.

장터에서 고래고래 소리치며 닭을 팔다

전에는 내가 장터에 놀러가면 어른들이 장사를 하시다가도 술 마시는 걸 보면서 '왜 저렇게 장사하지?'라는 생각이 들었는데 막상 내가 현실을 마주해보니 이해가 갔다. 온종일 서서 일하면 다리는 어느 순간 딱딱한 고무나무처럼 뻣뻣해지고 감각은 점점 사라져 발바닥은 무감각해진다. 귀마개나 마스크는 사치다. 귀 시리다고 귀마개를 하면 손님과 얘기를 하며 단골손님으로 만들어야 하는데 잘 들리지 않기 때문이다. 계속 제품 홍보를 위해 목청 높여 떠들어야 했기에 마스크도 할 수가 없었다.

난 단 한 번도 새벽 5시 이후에 일어난 적이 없다. 기본적으로 장터는 새벽부터 자리를 잡고 준비하기 때문에 부지런해야 한다. 새벽 4시에 기상해서 학창 시절 사용했던 고양이 세수법을 시전한 뒤 장사할 물량을 챙기고 서둘러서 출발했다. 시장 상인 분들은 처음에 젊은 청년이 노점 장사하는 게 기특하기도 했지만 워낙 육체적으로 고된 일이기에 한두 번 장사를 펴보고 그만둘 줄 알았다고 했다. 장터에 자리를 잡고 펼쳐도 장사가 안 되고 힘든데 나올까 싶었다는 것이다.

하지만 난 절박했다. 그리고 처절했다. 처음에는 '노점상까지 해야 하나?'라는 생각이 컸다. 고향에 아는 사람도 많았고 잘나가는 매장에, 외제 차에 한껏 멋을 부리며 다녔던 내가 어느 순간 장터에서 꼬질꼬질한 모습으로 "통닭 한 마리 6천 원, 두 마리 만 원!" 고래고래 소리치며 닭을 파는 모습을 보면 '어이구 기어이 망해서 저렇게 됐구만', '샘통이다' 속으로 욕하는 사람도 있을 것만 같았다. 그러나 난 다시 내가 누렸던 것 이상의 삶으로 올라가고 싶었다. 그래서 스스로를 인정하기로 했다.

"그래, 내가 보고 느꼈던 세상은 잠깐 부를 본 한순간이었던 거야. 이제 앞으로 더 잘 준비해서 위로 올라가자. 할 수 있다! 나는 할 수 있다! 포기하지 말자!"

이렇게 몇 번이고 나 자신을 마인드컨트롤하며 수치심이 아닌 자존감을 높이기 위해 스스로를 격려해주었다. 그러자 예전처럼 점점 더 밝아졌고 새벽 장터의 어르신들과 안부도 주고받으면서 무거운 짐을 옮긴다거나 천막을 펼칠 때 서로 도와주면서 즐겁게 일했다. 이렇게 따뜻한 정을 느낄 수 있다는 게 장터만의 매력인 것 같다. 장터는 활기차며 마음이 따뜻해지는 곳이었다.

매장을 또 열다

장터에서 열리는 오일장을 다니며 노점상을 한 지 4개월가량이 지났을 때 수중에 매장 오픈을 할 수 있을 정도의 돈과 부동산 보증금을 모았다. 이후 나는 각 장터마다 알바를 고용해서 현장을 돌리고 물건만 공급하고 수금만 했다. 그리고 새로 연 '롱다리치킨' 보령점, 홍성점 두 곳에 시간을 쏟았고, '유선치킨'이란 개인 점포까지 오픈시켰다.

이 매장 중 실패한 매장이 홍성점인데 이것이 노점상과 같이 운영하기 위해 점포를 장터에 얻었는데 입구가 아닌 출구 쪽에 얻어 손님이 거의 없었다. 해결 방법으로 배달 시스템을 바로 도입했는데 광고에 대한 이해 부족으로 마케팅을 제대로 못 했다. 그래서 오래지 않아 보증금과 인테리어 비용 일부만 절충해서 받고 홍성점을 닫았다.

보령점은 컨테이너 형태로 오픈시켰는데 이것이 신의 한 수였다. 보증금이 500만 원이었는데 시설 설비와 집기며 500만 원 정도밖에 들지 않았기 때문이다. 월세도 25만 원이라 매장 이익금이 좋았다. 그리고 알바를 모집하기 위해 문 입구에 전단지를 붙여놨다. 워낙 환경이 좋지 않으니 대부분 지원하는 연령층이 높았다. 젊은 사람을 뽑고 싶었는데 문의하는 연령층이 높음을 보고 아예 직원으로 채용했다. 머지않아 가게를 매각하려 했는데 매각하는 걸 직원이 자기가 가게를 해보겠다고 좀 싸게 해달라는 것이었다. 난 싸게 주고 싶지 않았지만 친구와 둘이 동업을 하고 싶은데 가지고 있는 돈이 모자라 좀 깎아달라는 것이다. 할머니뻘 되시는 분의 열정에 나도 계속 거절하기 민망해 청을 들어주었고 현재까지도 운영을 잘하고 계신다.

한편 유선치킨은 버스 정류소 맞은편 화장품 판매점에 무권리로 입점했다. 권리금 500만 원을 요구하셨는데 계약기간 만기가 얼마 남지 않아 인수인계를 받을 필요가 없어 요구조건을 안 들어주고 만기가 되기를 기다렸었다. 유선치킨의 콘셉트는 통닭 판매와 생닭 판매를 같이 하는 것인데 노인 분들은 통닭도 좋아하지만 닭발이나 근위 튀김 등 신선제품의 니즈도 있었다.

매출이 높지는 않았지만 인력 채용에 힘을 기울이고 영업직과 배달직으로 겸업이 가능한 직원을 뽑아놓으니 매출은 저절로 올랐다. 추후 이 매장도 매각을 진행할 때 직원이 인수했다. 이렇게 난 오일장 자릿세 다섯 곳과 매장 세 곳을 1년 만에 만들고 장사가 잘되는 곳은 자릿세를 받고 넘겨주고 장사가 안 되는 곳은 빨리 손절했다. 크게 돈 번 것은 없지만 내가 투자한 돈은 회수가 가능한 정도였다. 나는 회수한 돈으로 안정적인 삶을 위해 42평형 빌라 한 채를 매입하고 또 다른 일거리가 있는지 찾아보았다.

바닥인 줄 알았던 삶이 더 추락하다

내 이름을 딴 법인을 세우다

서른세 살, 세일즈도 배우고 장사도 해보고 사업체도 만들어봐서 개인사업자 형태를 벗어난 법인사업체에 도전해보고 싶었다. 먼저 지금까지 한 사업들은 부어치킨 외에 모두 끝났지만 개인사업자로서 연간 20억 원이 넘어가면서 성실신고 대상자이기도 했고 개인사업자로 회사를 키워서 세금을 더 내는 것보다는 법인이 유리하다고 조언을 듣기도 한 상태였다. 그리고 이미 개인사업자로는 이뤄봤기 때문에 더 높은 목표 설정을 했다.

또 난 유럽의 '버진그룹'이라든지 메디치 가문처럼 내 이름이 들어간 그룹 또는 가문 형태의 기업을 만들고 싶었다. '호랑이는 죽어서 가죽을 남기고 사람은 죽어서 이름을 남긴다'라는 속담처럼 나도 죽어서 내 이름을 남기고 싶었는데 내가 크게 성공한다고 해서 내 이름을 기억해줄 리 없었다. 하지만 기업 형태라면 재조명은 될 것 같았고 후대까지 영향이 있을 거 같았다. 그래서 상호를 지을 때 내 이름을 넣어서 지어야겠다고 다짐했다.

이런 생각이 자리 잡자 내 몸은 어느덧 대전으로 향하고 있었다. 큰 도전을 하기 위해 도시로 나와야 했는데 맨땅에 헤딩은 정말 지겨웠다. 그래서 비빌 언덕이 있으면 좋겠다고 생각했는데 롱다리치킨 사장님이 도와주겠다며 자신이 운영 중인 치킨 물류 공장을 인수하라고 하는 것이었다.

그 공장은 장터에서 오일장이 열리면 노점상으로 쓰였던 곳이었고, 이미 장날에 장사가 잘되는 건 눈으로 한두 번 확인한 상태였다. 사장님은 아예 나에게 롱다리치킨 물류 공장을 인수하고 자신이 운영하는 매장에도 치킨을 납품받을 생각이었다. 인수 가격을 2억 3천만 원 얘기하시길래 "얼마가 벌리냐?" 물었더니 1천만 원 이상은 남는다는 것이었다.

단순 계산만 해도 2년이면 원금을 찾고 그다음 해부터는 순이익이라 판단되어 다른 검증은 하지 않은 채 돈을 마련하기 시작했다. 빌라 담보대출과 친형에게 부어치킨 총판권을 매각하여 자금을 마련했다.

그리고 법인 설립 절차를 2015년 10월에 진행했고 롱다리치킨 물류 공장을 인수해 2015년 12월 15일 '유선식품' 주식회사로 사업자 등록을 마쳤다. 처음엔 선국식품으로 설립하려 했지만 발음이 어려워 성과 이름의 한 글자씩을 따와서 '유선'으로 짓게 됐다. 나는 이렇게 그동안 꿈꿔왔던 내 이름을 딴 회사를 설립해 닭고기 유통업을 하기 위한 준비를 마친 셈이다.

드디어 다시 도약하기 위한 출발점에 섰다. 난 인수인계를 받기 위해 장날에 무임금으로 일을 도왔고 대전에 집이 없어 상가에서 침낭 하나에 의지한 채 쪽잠을 자고 버너로 물을 데워서 씻었다. 이렇게 3개월가량을 집도 없이 전전긍긍하며 2016년 설날을 혼자 쓸쓸히 이겨냈다.

계속 적자가 심해지는데 사기당한 건가요?

나는 사람을 잘 믿는다. 깊게 생각하지 않는다. 한번 믿음이 가면 현실적으로 나에게 불이익이 오기 전까지 믿고 따른다. 내가 멘토라고 항상 존경한다고 말한 사람이 나에게 칼을

꿎을까? 마음은 아니라고 말하는데 현실은 그렇지 않았다.

먼저 장터 매출에 문제가 있었다. 내가 인수할 당시 분명 사장님은 한 달에 다섯 번 평균 매출이 2천만 원이라고 했다. 한 달에 한두 번은 꼭 주말에 장이 서는데 이날만 하루 매출이 400만~500만 원이고 나머지 3일 정도는 평균 200만 원 이상은 된다고 했는데 막상 운영해보니 1천만 원 미만으로 나올 때도 있었고 석 달간 얘기한 매출의 반 토막이 나왔다.

또 사장님이 운영 중인 롱다리치킨으로 납품된 닭들도 결제를 석 달간 안 해줘서 고용된 직원들 임금과 매입된 자재들과 물건값 막기에 정신이 없었다. 사장에게 따지자 자기 장사할 때는 얘기한 대로 매출이 나왔다고 그러고 내가 운영을 잘못해서 매출이 안 나온 걸 어떡하냐고 나 몰라라 했다. 물품 대금에 대한 변명은 수금이 안 걷혀서 그러니 좀 기다려달라고만 얘기할 뿐 전혀 책임감이 안 보였다.

3개월 전으로 돌아갈 수 있다면

정말 옛말에 '뒷간에 갈 적 마음 다르고 올 적 마음 다르다'고, 돈을 받고 나자 태도가 바뀌는 걸 보자 정말 죽이고 싶은 마음이 간절했다. 내가 어떻게 모으고 도전한 건데 이럴 수가 있나?

내가 알아보지 못한 잘못도 컸지만 모든 원망은 롱다리치킨 사장으로 향했다. 이후 동종업계에서 들려오는 얘기가 사람이 깨끗하지 못하다, 전에도 이런 적이 많이 있었다, 자기들은 처음부터 거래하지 않는다, 애초에 신용불량이라서 아내 이름으로 재산 만들어놔서 소송 못하는 사람도 있다 등등 사건 사고 얘기가 많았다. 왜 하필이면 이런 얘기가 그전에는 안 들렸던 것일까?

그렇게 3개월이 흐르고 2016년 4월 고향에서 친구가 나를 도와주기 위해 직장을 그만두고 왔다. 그는 내가 이 물류 공장 사업을 인수인계하기 전 공장 매니저가 필요해 꼭 곁에 두어야 하는 존재였다. 그래서 미리 2015년 추석에 족발에 소주 한잔 마시며 진로에 대해 진지하게 얘기를 나누고 나와 함께 해주기로 했었다. 그런데 예상대로 이루어지고 있는 게 없어 친구와 약속한 것들을 지킬 수 없는 상황이었다.

모든 게 꿈이었으면 싶었다. 3개월 전으로 돌아가고 싶었다. 이번 일로 시련이 끝일까? 나는 선택해야만 했다. 여기서 멈출 것인지 아니면 나아갈 것인지. 멈추면 난 2억 원이 넘는 금액을 손실 볼 테고, 나아간다면 2억 원 이상의 원금 회수까지 걸리는 시간을 따져봤다. 월 300만 원 정도만 벌 수 있다면 1년에 3,600만 원, 10년이면 3억 6천만 원을 모을 수 있었다. 그래! 그럼 1억만 더 빌려보자. 그래서 1억으로 임금을 주고 외상값을 치르고 내 인건비 정도만 나오게 만들어보자. 그렇게 다시 한번 결심하고 은행 대출을 받기로 결심했다.

끝날 때까지 끝난 게 아니다

친구가 매니저로 오면서 난 임금과 외상 대금을 해결하기 위해 대출을 알아보고 있었다. 다행히 신생 법인이라서 1억까지는 농업 신용보증기금에서 보증을 서줘서 은행 대출이 되었다. 난 일단 급한 불을 끌 수 있을 거라는 생각에 잠시나마 마음에 안도감이 생겼다.

친구에게 매장 안 업무를 인수인계해주고 나는 배송과 영업을 하러 다녔다. 저녁은 무조건 치킨집이었다. 치킨을 시켜 먹으면 사장님과 이야기를 할 수 있으니 그 시간을 통해 영업했다. 하루 24간을 240시간인 것처럼 사용하다 보니 내 몸은 정상 컨디션이 아니었고 배송 중 매일 졸기 일쑤였다. 졸릴 때마다 살기 위해 정말 다양한 방법을 시도했다.

잠깐 차를 멈춰 세우고 휴식하는 것도 아까웠다. 한 집이라도 더 빨리 돌아야 영업도 더 하고 치킨 물류도 도와줄 수 있었기 때문이다. 그래서 나에게 가장 맞는 방법을 찾은 것이 전화 통화를 하는 것이다. 전화 통화하면서 횡설수설하며 얘기하다 보면 어느 순간 잠이 깨는 것을 느낄 수가 있었다. 그래서 졸릴 때면 일부러 거래처에 전화한다거나 고향의 부모님에게 안부 전화를 걸어 잠을 깼다.

전과자가 될 뻔하다

그러던 어느 날, 여느 때처럼 지친 몸과 졸린 눈을 부여잡고 일을 보던 오후 3시경, 매니저에게 전화가 걸려왔다. 목소리가 작아서 좀 크게 얘기해달라고 했더니 "매장에 경찰이 와 있는데 무슨 일인지 모르겠다. 와줬으면 좋겠어"라는 것이다. 난 순간 잠이 확 달아났다. 뭔 일이길래 경찰이 와 있는 것일까? 난 배송을 멈추고 매장으로 들어갔다. 매니저 말대로 사복경찰인 두 명의 남자가 이것저것 보면서 나에게 질문을 했고 난 질문에 대답했다. 경찰이 나온 취지를 보니 당시 정부가 시행한 4대악 근절 중에 불량식품 금지가 있어 단속을 나온 것이었다.

난 질의응답에 성심성의껏 응했는데 문제는 서류에서 터졌다. 우리 회사의 업태가 제조업인데 제조업에 맞는 허가가 안 갖춰진 상태에서 제품을 만들어 납품하고 있다는 것이었다. 이건 도대체 무슨 소리인가? 우리가 만든 제품은 죄다 '롱다리치킨'으로 나가고 있는 것을……. OEM(주문자가 요구하는 제품과 상표명으로 완제품을 생산하는 방식)이었기에 우린 하청업체인 셈이다. 결제를 못 받고 있는 하청업체 유선식품.

우리는 대전 노은경찰서에서 조사를 받았고 조사 내용은 검찰에 넘겨지고 검찰 조사까지 받아야 된다고 했다. 하~ 나는 깊은 탄식과 한숨을 내쉬며 경찰서를 나왔다. 하늘을 보니 어두운 밤하늘이 내 미래처럼 보였고 난 평소에 찾지도 않는 하느님을 찾았다. 그리고 하느님에게 물었던 것이 기억난다.

"하느님, 저에게 얼마나 더 큰 시련을 주시는 건가요? 아직 더 남았나요? 제가 겪고 있는 시련으로는 아직 부족한가요? 저 이제 정말 버틸 힘이 없어요."

검찰에 내용이 송달된 후 '롱다리치킨' 사장과 난 검사실에 불려 들어갔고 진술서를 토대로 담당 검사가 확인 절차를 거쳤다. 그때 안 사실이지만 '롱다리치킨' 사장은 전과자였으며 주 내용은 폭행 외 여러 건이 있었다. 나는 인수자가 교육 부족으로 그런 것이니 교육을 배우라고 훈방 조치됐고 '롱다리치킨' 사장은 집행유예로 일이 마무리되었다.

이때 벌금형이나 영업정지를 맞았다면 아마 난 무너졌을 것이다. 그러면 정말 난 안 좋은 생각을 하고 뉴스에 나올 수도 있었다. 다행히 일이 좋게 마무리되어 그 뒤로 일에만 집중할 수 있었던 게 큰 행운이라고 본다.

더 큰 성공을 위해 배움에 매진하다

공부하고 테스트를 반복하다

그 뒤로 회사는 내가 발품 판 만큼 성장했고 또 더 큰 성공을 위해 준비해야 한다고 생각했다. 그래서 생각한 게 프랜차이즈 사업이었다. 프랜차이즈를 준비하기 위해서는 부동산을 구하고 인테리어를 해야 하는데 이 부분에 관해 공부할 필요성을 느꼈다. 나는 이때부터 계속해서 공부하고 테스트하고를 반복했다.

인테리어 공부에 뛰어들다

교차로를 보던 중 인테리어 학원이 눈에 띄었다. 위치는 탄방동이었다. '박원갑 인테리어'라는 학원이었는데 소수 정예로 운영한다는 게 마음에 들었다. 수업 수료 과정은 3개월이며 3개월이 지난 후 인테리어 사업자를 내고 바로 수익도 낼 수 있다고 해서 매료되었다.

수업을 일요일에 몰아서 8시간씩 들었는데 8명 정예로 배웠다. 이론과 실기를 병행했는데 제일 중요한 건 도면을 그리는 것과 단가 산출이었다. 계산 방식이 어렵진 않아서 누구나 쉽게 따라갔다. 배우면 배울수록 인테리어 사업으로 더 빨리 성공할 수도 있을 것만 같았다. 모든 교육 과정이 끝난 후 원장님이 상호 하나를 추천해주셨다. 난 미장이 인테리어를 추천받았고 내 상호를 '미장이 인테리어'로 냈다.

영업 방법에 대해서도 노하우를 알려주셨는데 난 일반적인 방식으로 계속 힘겹게 영업하는 것보다는 지속적이며 하나의 폼으로만 공사를 하고 싶었다. 그래서 타깃으로 잡은 것이 역시나 프랜차이즈 회사였다. 가맹점 개설 시 정형화된 인테리어로 어려울 게 없었고 여러 업체와 계약을 맺어놓으면 지속 거래가 가능했기 때문이다.

첫 번째 회사가 바로 확정되었다. 확정된 경위는 어느 날 저녁을 같이 먹던 친구가 자신이 괜찮게 생각하는 피자집이 있는데 그 브랜드를 창업하고 싶다고 한 데서 시작되었다. 피자 브랜드 이름은 '7번가피자'이며 부산에서 출범해 아직 지방에는 많이 오픈되고 있지 않았다. 나는 내가 브랜드 연결을 시켜주겠다고 하고 본사 본부장을 만나 그간의 나의 사업 도전 등의 이력을 내세워 단숨에 계약을 따냈다. 우리는 매장을 동업으로 운영하기로 하고 목원대학교 앞에 가게를 차렸다.

나의 첫 인테리어 사업과 '7번가피자'

피자집 인테리어는 본사에서 시공 시 30평 기준 3천만 원이 넘었다. 하지만 내가 직접 해보니 금액은 2천만 원 중반이 넘지 않았다. 치킨집도 많이 인테리어를 해봤으니 피자집이라고 뭐 별거 있겠냐마는 아무래도 시공법에서는 현장감이 부족하여 색감 선정이라든지 테이블 마감 처리, 동선 등 프랜차이즈 본사가 원하는 수준만큼 나오진 않았다.

하지만 매장은 오픈 예정일에 맞춰서 오픈했고 우리는 처음 해보는 일에 많이 당황했다. 예를 들어 피자는 대부분 배달이 많았는데, 우리는 오토바이 두 대 중 한 대를 내가 타고 배달하고 한 대는 직원을 고용해 배달했다. 그리고 주방에 상시 주방장이 필요했는데 우리는 낮에는 서로 하는 직업이 있어 주방장도 따로 고용했다. 이렇듯 인력은 필요한데 우린 투자만 하고 과실만 따먹으려고 하니 점점 더 매장은 죽어가고 서로에게 책임만 전가하게 되었다.

악순환이 계속 되풀이될 것 같아 친구가 먼저 500만 원 손해 보고 끝낼 건지 운영을 할 건지 선택하자고 해서 난 피자로는 매출이 크게 오를 것 같지 않아 보여 빠지기로 결정했다. 인테리어를 공부하고 현장실습을 해보니 부족한 모습도 많이 보이고 업체를 선별할 시 주의 사항도 알 수 있었다.

이번엔 부동산중개업을 개업할 테다

그다음으로 인연을 맺은 사람은 대전에서 부동산업을 오래 하고 있던 논산 출신 후배였다. 프랜차이즈를 하려면 상가 보는 요령이나 점포 구하는 요령이 있어야 해서 간접적으로나마 경험을 쌓기 위해 나는 후배와 부동산중개업에 일부 투자하고 공동 운영해보았다.

대전 둔산동 메인 거리에 '인 부동산'을 개업하고 내가 처음 배운 것은 원·투룸 체결이었는데 일단 공실이 난 빌라에 사진을 찍으러 다녀야 했다. 오전 일과는 종일 사진 찍으러 가고 오후 일과는 손님을 태우고 방을 몇 개 보여주고 저녁에는 주택마다 전단지를 붙이고 차에도 전단지 작업을 하는 것으로 일과가 마무리되었다.

생각 외로 걷는 시간이 많아 체력이 많이 소모됐다. 이렇게 원·투룸 구하는 것이나 계약을 체결해보고 난 뒤 상가도 한번 공부해보았다. 상가는 시세 파악이 중요했고 업종별 이해도가 높아야 했다. 만약 의류 전문점을 하고 싶은데 요식업 상권으로 추천한다면 오픈하고도 음식 냄새로 인해 옷이 망가질 수도 있었고 반대로 10평 정도 규모의 요식업인데 2층을 추천한다면 아무래도 장사가 잘될 확률이 떨어질 것이다. 2~3개월가량 부동산에 출근하여 업무를 익히니 부동산끼리만 정보가 교류되는 사이트도 알게 되었고 중개를 의뢰할 때 상가 전문 부동산에 의뢰해야 한다는 것도 배울 수 있었다.

경험을 통해 센스를 키우다

내가 부동산중개업을 배울 때 주택을 개조해 카페를 창업하는 붐이 막 일어났고, 인터넷에서 대전 유명 카페를 검색하면 '동방커피'가 항상 나왔다. 그래서 고향 친구 중 커피를 전공한 지인이 있어 공동 투자로 도전해보기로 했다. 나는 대전에 지하철이 1호선만 있다는 점과 백화점이 갤러리아 백화점과 롯데백화점 두 곳밖에 없다는 점에 착안해서 자가용이 없어도 찾아올 수 있고 항상 사람이 모이는 장소에 오픈해야겠다고 상권분석을 마쳤다.

그 주변에 옛 모습을 간직한 주택이 있어야 했고 우리는 그 주택을 찾아 용도변경까지 허가를 받아 사업자 등록을 마쳐야 했다. 며칠간 계속 시장조사를 하며 발품을 판 결과 롯데백화점 뒤편으로 먹자골목이 형성되어 있는데 그 거리 원룸 주택 안쪽의 한 주택이 우리의 조건을 충족시켰다. 그곳은 주소 검색을 해도 차량이 안쪽까지 들어올 수 없었는데 입구에 작은 간판을 세워두면 해결될 것 같았다.

옛집 자체의 모습을 남겨둔 채 대수선해야 했기에 많은 시간과 노력이 필요했다. 인테리어는 3개월 이상 걸렸고 오픈하고 난 뒤에도 로고며 포장 캐리어까지 세밀하게 보완해나갔는데 진행하며 느낀 건 부분 요소마다 센스가 필요하다는 것이다. 나는 이 센스가 부족했는데 친구는 센스가 있었다. 아마도 그 차이는 경험의 차이인 것 같다.

그리고 친구와 공사를 시작하기 전 유명한 카페나 신규 오픈하는 카페가 생기면 시장조사를 위해 찾아갔다. 이렇게 대한민국에서 이슈되거나 오픈되는 매장을 찾아다니면서 경험을 쌓자 센스가 생기기 시작했다. 이 센스는 매장 분위기를 연출하는 인테리어 소품들이나 회사 디자인에서도 발휘됐다. 실제로 우리가 오픈을 하기도 전에 사람들이 찾아와서 사진을 찍고 인스타에 올리기도 했다.

처음 생각한 매장 콘셉트는 옛날 가정집을 개조하여 유럽 또는 아시아 감성이 묻어나게 하려는 것이었는데 한순간에 만들어지기는 어려웠다. 하나하나 시간이 지나며 이곳 저곳 자리 배치도 해보고 바꿔도 봐야 하는 일이라 처음에는 매장 안이 휑~했지만 차츰 자리를 잡아갔다.

오픈 후 손님들은 감사하게도 매장에서 여백의 미를 느낄 수 있다며 좋아해 주셨다. 현재 동방커피는 대전맛집에 올라 올 정도로 아인슈페너가 인기제품이 되어버렸다. 대전을 방문하는 사람들이 있다면 한번 구경 와도 좋을 듯 싶다. 이후 친구와의 동업을 그만두고 나는 유선식품에 매진했다.

3장

100억짜리 행동력을 키우는 노하우

목표를 세세하게 정하고 관리하라

신석기시대부터 가지고 있던 인간의 능력

우리는 했던 말을 되풀이해서 얘기하는 버릇이 있다. 그리고 했던 말을 정확히 기억하는 사람도 드물다. 그리고 붕어는 3초면 기억을 잃어버린다고 한다. 사람은 했던 말을 몇 초나 기억하고 있을까?

또한 국사 시간의 기억을 떠올려보면 기억이 정확하지는 않지만 구석기시대에서 신석기시대를 넘어오면서 인류는 도구를 사용하기 시작했다고 한다. 부족한 기억력과 도구 사용 능력. 맞다!! 우리는 도구를 잘 이용할 줄 알아야 한다. 그래서 우리가 행동을 시작하기에 앞서 준비해야 할 것이 바로 다이어리다.

이면지나 남는 A4용지를 활용해도 되지만 규칙적인 습관과 자기반성을 돌아보기 위해서는 다이어리가 제일 효과적이다. 개인적으로 추천하자면 양지몰에서 파는 양지 다이어리가 좋은 것 같다. 연도별 계획, 월 단위 계획, 일 단위 계획을 할 수 있게 세부적으로 잘 나누어져 있어서 좋다.

초등학생 때 이미 배워둔 작성법

한 해가 마무리될 때면 우리는 연인이나 가족끼리 모여서 달이나 떠오르는 태양을 보며 소원을 빈다. TV에서 보신각 종이 울려 퍼지면 전 국민이 같이 소원을 빌며 새해를 희망한다. 그리고 누군가는 버킷 리스트를 작성하여 한 해의 목표를 세우기도 한다. 적는 것이 행동의 시작이다.

나는 다이어리를 사면 앞으로 내가 하고 싶거나 이루고 싶은 목표를 맨 앞 페이지에 적는다. 생각만으로는 나의 시간을 모두 체크할 수가 없다. 시간을 아끼면서 행동하려면 우리는 초등학교 시절 배웠던 시간표 작성이 필요하다. 한 번쯤은 해봤을 것이다. 방학이 시작되면 큰 원을 그려서 시간별로 나의 일과를 적었던 기억이 있을 것이다. 이제 성인이 됐으니 성인에게 맞는 방식의 시간표를 작성해야만 한다. 그 도구가 바로 다이어리다.

자, 이제 앞장을 펼쳤다면 자신이 생각한 목표를 적어보자. 목표는 구체적일수록 좋다. 예를 들어 A라는 사람과 B라는 사람이 있다. 각각 목표한 것을 적어볼 테니 어떤 사람이 목표를 잘 정한 건지 생각해봤으면 한다.

A: 1. 부자가 되고 싶다.
2. 여행을 가고 싶다.
3. 차를 바꾸고 싶다.
4. 현재 집에서 이사 가고 싶다.

B: 1. 매달 200만 원씩 적금해서 2천만 원을 모으겠다.
2. 여름 휴가에 발리로 4박 5일 여행을 간다.
3. 신형 아반떼 계약금을 9월에 넣는다.
4. 청약저축 통장을 활용하여 중소기업 추천을 받아 아파트 분양권을 신청해본다.

자, 선택하였는가? 만약 A를 선택했다면 여러분은 얼마 지나지 않아 행동력이 줄어들 것이다. 반면 B를 선택한 사람은 행동력이 계속해서 늘어날 것이다. 이유는 간단하다. 목표가 세부적일수록 내가 공부하고 알아야 할 것이 늘어나기 때문에 행동력이 저절로 높아지는 것이다.

사람은 한 번에 바뀔 수 없다

처음부터 목표가 너무 높으면 사람은 지치기 마련이다. 기본적인 체력 훈련이 되어 있어야 응용도 가능한 것이다. 그래서 내 현재 수준을 잘 고려해서 계획을 작성하는 것이 필요하다.

내가 평소에 일어나는 시간이 7시라고 해보자. 마음에 열정이 생겨 알람 시간을 5시로 맞춘다고 해서 한 번에 바뀌는 것이 아니다. 처음에는 일어날 수 있을지 몰라도 곧 체력이 바닥이 날 것이다. 그러니 조금 더 단계를 나눠서 실천해보자.

나는 분 단위로 줄이는 것을 추천한다. 예를 들면 기존의 7시 기상을 처음에는 6시 30분으로 바꾸고 일주일간은 6시 30분 패턴의 습관을 만드는 것이다. 그 후 6시 20분, 10분, 5분 차례대로 줄여나가는 것이다. 한 번에 다 바뀔 수 없기 때문에 조금씩 변화되는 행동을 하는 것이다. 옛말에 사람이 갑자기 변하면 죽는다고 했다. 작은 행동이 곧 나중에 쌓이고 쌓여서 큰 변화를 만들어낸다.

그리고 다이어리에 목표를 적을 때는 연 단위의 목표부터 적어보자. 연 단위는 직장에서 이루고 싶은 것, 가족과 함께 보내고 싶은 추억, 나만의 자기 계발, 친구와의 모임 이런 식으로 그룹별로 나누면 좋다. 나는 20대에 경제적인 목표만 염두에 두고 목표 설정을 하다 보니 감성이 메말라가는 것을 느낄 수 있었기에 여러분은 곁에 있는 소중한 사람들을 돌아볼 수 있는 사람이 되길 바란다.

그다음 월 단위 계획을 적어야 하는데 적어둔 연 단위를 12개월로 나눠 목표를 적어보는 것이다. 그리고 월 단위 계획을 다시 4주로 나누면 주 단위 목표가 된다. 예를 들어 연 단위 목표를 '3천만 원 모으기'로 정했다면 월 단위 목표는 재테크 공부하기, 주 단위는 이번 주의 재테크 공부 계획표 등 3천만 원을 진짜 모을 수 있는 정보나 습관 등으로 세분화해서 정하면 된다.

또 목표는 이미지화시키는 것이 좋다. 내가 가지고 싶은 게 집이라면 내가 살고 싶은 동네를 사진으로 찍고 거주 형태가 아파트라면 아파트를 사진으로 출력해 보드판에 붙여놓고 수시로 보기를 권한다. 그 이미지는 동기부여가 되고 우리의 뇌는 그 목표를 달성하기 위해 활성화될 것이다.

하고 싶은 생각이 들면 주저 말고 행동에 옮겨라

무역상 말을 확인하기 위해 브라질로 떠나다

'유선식품'을 차리고 2019년 신사업 목표에 순살 치킨 매출 확대 및 원가절감이 있었다. 순살 치킨은 국내산, 미국산, 태국산, 브라질산이 있다. 우리 회사는 주로 국내산과 브라질산을 사용했다. 미국산과 태국산은 철새가 이동하면서 한 번씩 조류 인플루엔자가 퍼질 수 있어 사용하지 않는다.

조류 인플루엔자가 퍼지면 관세법에 따라 수입이 중단되는데 그러면 물건을 납품할 수가 없기 때문이다. 브라질산이 시중에 많은 이유이다. 또 국내산은 고기가 얇고 크기가 작아 식감이 좋으나 단가가 비싸 업체들 사이에서는 국내산보다 수입 고기로 주문량이 변하고 있는 추세다.

브라질 구매 무역상을 통해 순살 치킨을 구매해왔는데, 여름이면 늘 가격이 올라 매입원가 부담이 커져 고민이었다. 우리나라의 경우 여름이면 삼복더위를 이기기 위해 닭을 찾는 사람들이 급증하기 때문에 가격이 올라가는 건 이해할 수 있지만, 브라질의 경우 왜 여름마다 가격이 올라가는지 이해할 수 없었다. 구매 무역상의 말로는 브라질 현지 물류 파업 탓이라고 하는데, 이 말이 사실인지 아닌지 확인할 방법이 없었다.

나는 구매 무역상 말만 믿고 가만히 있을 순 없었다. 머릿속으로 생각과 고민만 하고 있으면 원인을 영영 알아내지 못할 것 같았다. 2019년 9월 16일 추석 연휴가 끝나자마자 인천공항으로 향했다. 인천공항으로 가는 내내 언어를 비롯해 숙박, 교통, 치안, 음식 등 온갖 걱정이 몰려왔다. 무엇보다도 큰 걱정거리는 어렵사리 브라질까지 날아가 아무런 성과도 얻지 못할 수도 있다는 사실이었다. 물론 비행기와 호텔도 예약하고, 통역사도 준비하는 등 나름대로 준비를 철저히 했다. 하지만 결과에 대해서는 알 수 없었기에 마음이 무거웠다.

일단 브라질에 가는 방법은 유럽을 경유해서 가거나 중동을 경유해서 가거나 미국을 경유해서 가는 것이었다. 나는 이 중에 날짜가 맞는 것이 미국행이어서 미국을 경유해서 가는 방법을 택했다. 처음 미국까지 날아가는 시간이 14시간이라는데 과연 좁은 의자에서 버틸 수 있을까라는 우려와는 달리 잠도 잘 자고 영화도 잘 보면서 첫 경유지인 애틀란타에 무사히 도착했다.

바나나 때문에 조사를 받다

애틀랜타에 도착해 환승을 해야 했는데 사전에 미국 입국 심사 절차는 마약 반·출입을 막기 위해 심하다는 얘기를 들었다. 내 바로 앞 심사를 보던 아주머니가 한국면세점에서 화장품을 사신 것 같은데 가지고 나갈 수 없다며 압수당하는 걸 보고 저럴 거면 면세점에서 설명해주고 팔면 되는 거 아닌가 하는 생각이 들었다. 아주머니는 한국말로 억울함을 호소했지만 소용없이 물건만 뺏긴 채 검색대를 빠져나갔다.

이제 드디어 내 차례가 왔다. 그런데 검색대에서 일하는 직원의 반응이 좀 이상했다. 영어로 질문하는데 도통 무슨 말인지도 모르겠고 갑자기 외벽에 서 있던, 체격이 다부지고 총을 찬 남자 직원을 부르더니 곧장 내 옆에 달려와 내 짐을 챙기라는 손짓을 하고 따라오라는 제스처를 했다.

와~ 난 이때 영화나 드라마에서 본 것처럼 조사실 방에서 조사를 받는 장면이 떠올랐다. 내가 뭘 잘못했을까 계속 생각해봤지만 이유를 찾을 수가 없었다. 이거 치킨 홍정은커녕 브라질 땅 밟아보지도 못하는 거 아닌가 하고 정말 등골이 오싹했다. 그렇게 3분여간 이동해서 다른 검색대에서 가방을 재수색했는데 가방 안에서 바나나가 나온 것이다.

오잉? 이게 뭐지? 하는 생각에 기억을 더듬어보니 기내식으로 준 바나나를 이동 중 배가 고플까 봐 챙겨서 내렸는데 미국은 또 과일을 가지고 입국이 안 되나 보다. 수색 끝에 별다른 혐의점은 더 나오지 않았고 나는 환승입국 심사를 무사히 통과하고 2시간 정도 대기하다 다시 상파울루행 비행기를 탈 수 있었다.

관계자의 얼굴이 굳어져버리다

상파울루에 도착하기까지 12시간이 걸렸다. 공항에서 숙소까지는 또 1시간가량 차량으로 이동해야 했다. 처음 본 상파울루 도시는 한국과 크게 다르지 않았지만 가이드 말에 비하면 상당히 위험하고 무법 지대가 많다고 했다. 총도 소지가 가능하니 차 창문은 열면 안 된다고 했다.

여기서 안내를 맡아준 가이드를 잠시 설명하자면, 가이드의 이름은 토머스다. 어릴 적 한국에서 태어나 외환위기 때 가족이 다 같이 브라질에 이민을 왔다는 것이다. 한국은 1년에 한 번 정도 들어오는데 가이드 일도 하지만 주로 무역중개업을 하고 있다고 했다. 다행히 내가 방문했을 때 회사 일이 없어 도와줄 수 있었다고 한다. 토머스가 호텔까지 잘 안내해줘 첫날은 상파울루 숙소에서 잤다. 브라질에서는 미팅 약속이 두 건이 있었는데 첫 번째는 'GT푸드' 회사와의 미팅이고 두 번째는 '구이본'이라는 회사와의 미팅이었다.

다음날 GT푸드라는 회사와 미팅을 하기 위해 '마링가'라는 도시로 이동했다. 마링가로 가기 위해서는 다시 국내선을 타고 4시간가량을 이동해야 했다.

마링가에 도착하니 GT푸드 관계자가 우리 호텔에 와 있었다. 1층 로비에서 서로 명함을 주고받았고 토머스에게 통역 도움을 받아 의사소통을 했다. 브라질 현지에서는 포르투갈어만 사용해서 토머스가 한국말을 듣고 포르투갈어로 번역해주었다. 단가 부분이며 물량 확보 부분이며 현지 상황과 비교해가며 이야기를 이어 나가던 중 순간 관계자의 얼굴이 굳어지는 것이 눈에 띄었다.

미팅이 끝나고 난 뒤 토머스와 미팅 내용에 대해 얘기를 나누다보니 그 이유를 알 수 있었다. 브라질은 수출 국가인데 아시아에서 가장 큰 거래처 1순위가 중국, 2위가 일본, 3위가 홍콩, 4위가 싱가포르나 나머지 국가다. 그들 입장에서는 한국과의 거래가 매력적인 요인이 아니라는 것이다.

난 이 사실을 몰랐고 그저 우리 회사의 판매량과 장점만 얘기하고 브라질 방문 목적이 브라질 현지의 여러 회사 단가를 비교해보기 위한 것이라는 식으로 중간에 이야기를 이어가서 기분이 상해서 그랬을 것이란 것이다.

번데기 앞에서 주름잡는 꼴

번데기 앞에서 주름잡은 꼴이었다. 나는 접근 방식이 잘못됐다는 것을 깨닫고 첫날 미팅의 교훈을 간직한 채 이튿날 있을 구이본과의 미팅에 대해 곰곰이 생각하며 잠을 청했다. 이른 아침 조식을 먹고 전날 렌트한 차량으로 이동했다. 토머스가 면허가 있어 어렵지 않게 차량을 렌트할 수가 있었다.

당일 비가 와서 우리는 여유를 두고자 일찍 차량에 탑승했고 천천히 빗소리를 감상하며 이런저런 얘기를 나누며 구이본을 향해 4시간가량 이동했다. 오전 12시쯤 도착해 관계자와 미팅했는데 여성 분이었다. 1시간가량 서로 질의응답을 하면서 어제 있었던 실수를 다시 번복하지 않기 위해 최대한 말에 신경을 쓰며 파트너가 되고 싶다고 최대한 어필을 하며 같이 해보자고 설득했다.

미팅 건에 대해 사장에게 보고하고 연락은 이메일을 통해 보내겠다고 회의를 마무리 지었다. 이메일로 보낼 때는 영어로 기재되어 있어서 구글 번역기를 활용하면 번역은 어렵지 않았다. 사무실을 나서기 전 담당자와 같이 기념사진을 찍고 밖으로 나왔다. 밖에는 비가 더 거세게 내리고 있었고 나는 결과가 어떻든 이렇게 현지에 와서 얘기를 나눌 수 있었던 경험에 대해 뿌듯해했고 한 단계 더 성장했음을 느꼈다.

브라질 치킨을 배우다

다시 온 길을 반복해야 대한민국으로 돌아갈 수 있음을 인지하고 상파울루로 돌아와 마지막 저녁은 현지 음식을 먹어보기로 하고 유명한 맥주 가게를 갔다. 브라질에서는 치킨이 어떻게 나오는지 궁금해 프라이드를 한 마리 주문해보았다. 한국과 비슷하게 20여 분이 지나자 접시에 튀긴 닭이 담겨 나왔다. 모양은 한국 재래시장에서 볼 법한 비주얼이었다. 튀김옷이 얇은 것이 특징이고 양은 많았다. 비주얼은 일단 합격이었다. 그런데 토머스가 한국 사람들이 먹기에는 부담스러울 것이라고 이야기했다.

한 입 먹어보니 그 뜻을 알 수 있었다. 양은 4인이 먹을 정도로 많았으나 맛은 소금에 완전히 절여 먹는 맛이었다. 그냥 짠맛이 전부였다. 그 이유가 궁금하여 토머스에게 물어보니 브라질은 더운 나라여서 웬만한 음식은 다 소금에 절여서 먹는다고 했다. 그래서 닭도 염도를 상당히 강하게 해놓은 게 아닌가 싶은 생각이 들었다.

치킨을 먹어보고 느낀 것은 한국 치킨이 정말 맛있다는 것이다. 한국 치킨이 사무치게 먹고 싶어지는 밤이었다. 그리고 한국의 80년대에 유행한 전기구이 통닭이 브라질에서는 이제 막 즐겨 먹는 음식이었다. 또 길가에서 보면 카페인 듯한데 안으로 들어가면 음식도 주문해서 먹을 수 있는 매장이 많았는데, 거리를 지나갈 때마다 비슷한 매장이 많이 보였다.

그래서 한국에서처럼 전기구이 통닭 기계를 매장 앞에 진열해놓고 판매를 해보면 어떨까 하는 생각이 들었다. 토머스에게 사업성을 물어보니 장사가 잘될 것 같다고 긍정적인 대답을 해주었다. 추후 우리 회사가 해외시장을 공략한다고 하면 브라질에 법인회사를 설립하여 사업을 추친해야겠다고 생각했다.

살아서 다시 고국 땅을 밟다

브라질에서의 추억을 쌓고 마지막 날 공항까지 토머스가 또 데려다주었다. 공항에서 비행기도 기다릴 겸 카페에 들어갔는데 이곳에서는 '아이스'라는 개념이 없어서 아이스커피를 팔지 않았다. 다만 물을 별도로 주었다. 사람들은 대부분 에스프레소를 마시고 있었다. 나는 평소 한국 에스프레소는 쓴맛이 심해 즐겨 마시질 않았다. 메뉴를 고르지 못해 갈팡질팡하는데 토머스가 에스프레소를 권유했다. 한국과는 다른 맛이라고 마셔보면 진한 맛이 나며 쓰지 않다는 것이다. 어떻게 에스프레소가 쓰지 않을 수 있는지 궁금해져 주문해 보았다.

물을 별도로 주문하고 처음에는 원액으로 마셔봤다. 그런데 이게 어쩐 일인가? 지금껏 알고 있던 상식이나 맛이 아니었다. 생전 이렇게 맛있는 커피는 처음 마셔보았다. 토머스에게 커피 맛을 극찬하며 다가오는 비행기 시간에 작별 인사를 하고 자리에서 일어나 애틀랜타행 비행기에 몸을 실었다. 환승할 때의 악몽이 있었지만 이번에는 무사히 검역을 빠져나왔다. 경유할 때의 날짜가 9월 21일이었는데 이날은 내 생일이기도 한 날이었다. 그래서 난 뜻하지 않게 미국에서 생일을 맞이한 것이다. 애틀랜타에 도착하고 한국으로 출발하는 비행기가 밤 비행기라 탑승 시간까지 10시간 정도의 여유가 있었다.

그래서 생일 축하 겸 목적도 달성했으니 관광 좀 해보기로 결정했다. 애틀랜타의 유명한 것들을 검색해보니 아쿠아리움, 코카콜라 본사가 있었다. 처음 동선은 아쿠아리움을 보는 것으로 잡고 구경 후 코카콜라 전시회에 가는 것으로 일정을 잡았다.

아쿠아리움은 돌고래쇼가 유명했는데 제주도에서 봤던 돌고래쇼와는 별 차이가 없어 큰 감흥을 느끼지는 못했다. 그리고 이동한 코카콜라는 볼거리가 있었는데 특히 나만의 조제법으로 음료를 만들어 먹는 체험이 신선했다. 이렇게 두 군데 동선을 다 돌고 시간이 남아 공원 투어도 해보고 큰 호텔 구경도 하다 보니 어느덧 저녁이 되었다. 관광을 마치고 다시 애틀랜타 공항에 도착해 델타항공에 탑승했다. 14시간이 걸려서 인천공항에 도착해서야 일주일간의 여정을 마무리할 수 있었다.

행동을 해야 얻을 수 있는 게 있다

나는 포르투갈어도 못하고 브라질도 가보지 않았지만 주

저하지 않고 브라질로 날아가 원하는 바를 이루어낼 수 있었다. 취업 준비생들도 취업 준비 사이트에 들락거리며 토익 점수, 자격증, 공모전 수상, 봉사활동 쌓기에만 치중할 것이 아니라 자신이 뜻한 바를 이루기 위해 직접 부딪히고 행동해 보라고 권유하고 싶다. 예를 들어 돈가스 집을 창업하고 싶다면 평소에 즐겨먹는 돈가스집에서 일해보고, 영어 공부를 하고 싶다면 원어민 동호회에 나가 부딪혀봤으면 한다.

새벽형 인간이 되어라

부자가 생각하는 돈이란

부자의 기준은 어떻게 될까? 미국 잡지 《포브스》에서 선정하는 부자의 기준은 매해 높아지는데, 부자들은 정말 우리가 아는 대로 탐욕스럽고 남을 배려하지 않고 개념 없는 안하무인일까?

내가 지금까지 봐온 자수성가형 부자들은 그렇지 않다. 자수성가형 부자란 말 그대로 집안의 도움 없이 혼자 자립해서 부를 일군 사람을 뜻한다. 나 또한 부모님 도움 없이 밑바닥부터 배움을 익히며 자랐기 때문에 자수성가의 길이 얼마나 혹독하고 힘든지 알고 있다.

유혹도 많이 생긴다. 처음에는 가진 게 없어서 무엇인가 성취하거나 소유하게 되었을 때 오히려 유혹에 잘 빠진다. 대표적으로 요즘 신조어로 FLEX라는 단어가 유행인데 이 단어는 '돈 자랑을 하다'라는 뜻이다. 남들에게 보여주려고 물질적인 것에 많이 소비하는 패턴이 특징이다. 나도 20대에 오픈카를 소유하고 그 성취감에 빠져 일에 집중하지 못했던 적이 있다. 남자는 외제차, 여자는 명품가방 이런 소비 패턴은 갑자기 부를 얻었을 때 조심해야 할 행동이다.

돈을 벌 수 있는 방식은 단순하다. 바로 시간에 투자하는 길밖에 없다. 부자들은 돈을 번다고 생각하지 않는다. 시간을 산다고 생각한다. 이 말은 부자가 되려면 시간을 아껴서 활용해야 한다는 것이다. 내가 생각했을 때 시간 활용의 첫 시작은 새벽에 움직이는 것이다.

부자에 더 가까워지는 방법

새벽형 인간에 반대되는 말이 야행성 인간이다. 사람마다 직업이 다르기 때문에 일하는 시간 때가 틀리다. 직업의 다양성 때문에 일하는 시간 때는 다를수 있으나 습관은 우리가 학습을 통해 익힐 수 있다. 여기서 나는 새벽형 인간이 하루 24시간을 더 알차게 보낼 수 있기에 새벽형 인간을 지지한다. 예를 들어 새벽 6시에 기상해 7시에 출근 준비를 하고 8시부터 오후 5시나 6시까지 업무를 하고 퇴근하면 대부분 미디어 매체를 본다거나 모임을 갖던가 자기계발을 할 것이다.

그런데 보통 업무 마감 후에는 지쳐있기 때문에 휴식을 취하고 싶지 자기계발을 하기 어려운 상황이다. 그렇기에 퇴근 후에는 불필요한 일을 되도록 줄이고 일찍 잠자리에 들기를 바란다. 그리고 새벽에 1시간 또는 2시간 일찍 일어나 하루를 시작했으면 좋겠다. 하루를 더 길게 사는 느낌을 받을 수 있을 것이다. 우리가 하루에 3시간만 아끼고 활용한다면 일주일이면 21시간, 한달이면 84시간, 1년이면 1,095시간이다. 돈 한 푼 들이지 않고 시간을 살 수있는 것이다. 얼마나 효과적인가.

부자는 돈을 벌어서 시간을 산다. 이 이야기를 잘 생각해 본다면 시간을 잘 활용한다면 부자가 된다는 것이다. 일과 일상생활 중 타인의 관섭없이 오로지 나에게 집중할 수 있는 시간인 새벽을 잘 활용할수록 누구나 부자에 더 가까워 질 것이다.

우리도 영웅이 될 수 있다

박찬호, 박세리, 추신수, 김연아. 이름만 들어도 다 아는 한국의 스포츠 영웅들이다. 이들의 인터뷰 내용을 들어보면 공통점이 있다. 그들에게는 특별한 재능을 떠나 먼저 목표 의식이 뚜렷하고 그 목표를 이루기 위해 끊임없이 노력했던 행동들이 있다.

누가 언어도 안 되고 모아둔 돈도 없고 소속사도 없이 타국에 가서 도전하겠는가? 이건 생각으로 되는 문제가 아니다. 누구나 생각하는 거라면 가는 게 맞지 않는 게 맞을 테니 말이다. 하지만 이들은 행동했다. 그리고 이들은 시간을 아껴서 썼다. 새벽 시간에 일어나 명상을 하고 몸을 가볍게 풀고 자신만의 루틴을 만들어나갔다. 남들보다 하루를 길게 사용하는 것이다. 타고난 천재도 있지만 만들어지지는 천재도 있다. 우리는 스스로 갈고 닦아야 한다.

여러분은 자신의 분야에서 남들보다 성과가 좋은가? 조직에 도움이 되는 사람인가? 나로 인해 주변에서 즐거워하는가? 자신이 속한 조직원들을 들여다보라. 매일 지각하는 사람이 있는 반면 누구보다도 일찍 출근하는 사람이 있을 것이다. 경험해보지 않아도 회사에서 인정받는 사람은 일찍 출근하는 사람일 것이다. 그것이 평판이고 성실이다.

이 모든 건 새벽 시간을 어떻게 확보하고 보내는지에 따라 좌우된다. 박찬호나 박세리 같은 스포츠 스타는 될 수 없더라도 우리는 그들이 가지고 있던 행동의 힘을 따라 할 수 있다. 우리도 현재 속한 조직에서 영웅이 되어보자.

흔들리지 않는 정신과 육체를 단련하라

부동산으로 돈을 잃어버리다

나는 부동산이 좋았다. 더 정확히 얘기하자면 나만의 집을 소유하고 싶었다. 그래서 보험 일을 시작하고 종잣돈이 모였을 때 집을 지을 수 있는 토지를 구입했다. 하지만 토지 대출이 은행에서 진행되지 않아 잔금을 치를 수 없어 계약금을 포기하고 말았다. 토지로 계약금을 잃어버리고 난 뒤 전략을 수정했다.

《부자 아빠 가난한 아빠》의 저자는 아파트 네 채를 모아 팔면 더 큰 부동산으로 옮겨갈 수 있다고 했다. 그래서 월세가 나오는 아파트를 매입해두었다가 집값이 상승하면 집을 팔아서 종잣돈을 마련할 계획을 세웠다. 그러던 중 눈에 들어오는 아파트가 생겼다. 눈여겨본 아파트는 15평짜리 한 채와 23평짜리 한 채 총 두 채였다. 이 두 채는 일반 매매로 구매한 거라 가격이 그리 싸지 않았다. 그래서 좀 더 싸게 살 수 있는 방법이 궁금했다.

서점에 들러 부동산 관련 책을 보던 중 부동산 구매 시 얼만큼 싸게 구매할 수 있는지가 투자의 기본이라는 말이 눈에 띄었다. 싸게 구매할 수 있는 방법은 경매라고 했다. 그래서 경매 이론 공부가 필요하다고 판단되어 명지대학교 부동산 경매 수료 과정을 등록하여 공부했다. 하지만 생각보다 공부가 어려웠고 실전에서 잘 적용하지 못했다. 다시 공부를 해야 하나 싶었는데 지방에서 서울까지 또다시 3개월간 매주 올라가 공부해서 성과가 날 거란 보장이 없어 다른 정보를 찾아봤다.

그 정보는 현재의 '지지 옥션'이나 '굿 옥션' 같은 사이트였다. 한마디로 연회비를 내고 회원이 되면 전담 매니저가 붙어서 컨설팅해주고 입찰도 도와준다는 곳이었다. 하지만 입찰은 매번 패찰이었다. 이유는 내가 생각한 금액과 컨설팅 회사에서 제시하는 금액이 상이할 때도 많았고 컨설팅에서 제시한 금액으로 입찰을 보아도 낙찰이 되지 않았다. 그럴수록 자신감은 하락하고 재능이 없어 보였다.

어느 날 또 폐찰을 하고 법원 앞을 나오는데 못 보던 부동산 경매 컨설팅 사무실이 있어서 방문해 상담을 받고 100퍼센트 경매 낙찰받게 해준다는 말에 별다른 의심 없이 계약을 하게 됐다. 내가 바쁠 때면 대리입찰을 시켰다. 대리입찰을 시키기 위해선 입찰 금액에 10퍼센트인 보증금을 제출해야 되는데 이 입찰보증금 10퍼센트를 대리인에게 입찰 볼 수 있게 보내주었다.

그런데 문제가 발생했다. 어느 날 대리인에게 폐찰했다는 문자가 왔는데 이후 내 보증금을 돌려주지 않아 연락을 여러 번 했는데도 연락이 되지 않았다. 사무실을 찾아가 보니 사무실 문이 닫혀 있었다. 어떻게 해야 할지 몰라 주변 상가 사람들한테 수소문해보니 며칠째 문을 열고 있지 않다고 했다. 사기를 당한 것이었다. 그렇게 2천만 원이란 돈을 또 잃어버리고 난 부동산 쪽에는 재능이 없음을 느끼고 앞으로 부동산은 투자하지 않기로 마음을 먹었다.

그렇게 시간이 흘러 낯선 번호의 전화 한 통을 받았다. 경찰서라는 것이다. 김 아무개를 아냐는 질문에 안다고 하니 민사소송이 들어와 수배가 내려졌고 잡았다는 것이다. 난 나에게 사기 친 그 사람을 처음에는 선처하지 않으려 했지만 막상 찾아와 어떻게든 일해서 변제하겠다는 말에 그를 믿었고 합의서에 도장을 찍어주었다. 과연 나는 돈을 받았을까? 난 10년이 지난 지금까지도 돈을 받지 못했으며 이제는 내 기억 속에서 잊혀져가고 있다.

매주 목요일 경매 배우러 강남 가다

그 후 생각해보니 부동산은 돈이 묶여 있어야 해서 환급 가능성이 떨어지고 돈을 벌 수 없는 재테크인 것 같았다. 하지만 내 실력이 부족했음을 점차 인정하게 되었고 우연히 서점에서 임경민 저자의 《난생처음 10배 경매》(라온북, 2019)란 책을 읽고 세미나에 참석하게 되었다. 세미나는 짧게 진행되었는데 왠지 이번에는 잘할 수 있을 거라는 자신감이 들었다.

그때는 유선식품의 안정화 때문에 따로 시간을 내는 게 쉽지 않았지만 매주 수요일 저녁 7시마다 강남으로 올라와 9시까지 수업을 듣고 다시 운전해서 대전으로 내려왔다. 대중교통은 차를 놓칠 수 있다는 불안감으로 이용할 수가 없었다. 공부를 시작할 때 가족들에게 양해를 구하고 수업이 끝나면 자정 전까지는 집에 들어온다고 약속했기 때문이다. 난 배우고 싶은 일에 도전하기 위해 또다시 행동으로 옮긴 것이다.

2019년 10월 수강을 등록하고 매주 빠짐없이 올라가 부동산 투자 분야를 공부했다. 보험 일을 할 때 처음 시도해본 부동산 투자 실패 후 다시는 하지 않기로 마음먹었지만, 아직 성공해보지 못한 미련이 남아 있어서인지 아니면 꽤 많은 시간이 흘러서 마음의 치유가 된 건지는 모르겠으나 아직 내 안에 포기하지 않은 마음이 남아 있었기에 다시 도전해볼 수 있었다.

10번 이상의 입찰로 1건 낙찰받다

경매 수업을 들으면서 배운 것을 바로 적용시킬 수 있도록 1인 부동산법인 회사를 설립했다. 이 회사는 경영이 목적이라기보다는 개인 자산 투자가 목적이었다. 하지만 역시나 낙찰은 쉽지 않았다. 난 낮에는 사업에 매진하고 밤에는 경매 공부를 병행하였다. 주말엔 임장(현장에 직접 가보는 활동)을 다녔다. 정말 몸이 열 개라도 모자랐다. 잠도 부족하여 오후가 되면 항상 잠이 몰려왔다. 잠이 올 때마다 스트레칭도 하고 소리도 크게 지르면서 잠을 쫓으며 전국 이곳저곳을 이동했다.

그렇게 관심 물건을 찾아 계속 입찰을 하던 중 유찰이 너무 많이 된 물건은 경쟁이 심하다는 것을 깨달았다. 그래서 반대로 100퍼센트 신건인 물건이 나왔을 때 입찰해보자고 전략을 바꿨다. 그리고 주거용인 아파트에 가장 많은 입찰자가 몰려들어서 난 경쟁이 덜한 토지 쪽으로 눈을 돌렸다. 마침 건축하기에 적당한 평수가 매물로 나왔다. 먼저 임장 활동을 다녀오고 그 동네 주변 부동산에 수소문한 결과 월세는 잘 나간다고 해 입찰 준비를 시작했다. 나는 100퍼센트에서 딱 1퍼센트 정도만 더 쓰기로 했고, 지금까지 여러 패찰을 겪으며 입찰이 안 되면 내 물건이 아니라는 마인드를 정립시켰기 때문에 금액을 높게 쓰지 않기로 했다.

결과는 단독 입찰로 낙찰을 받았다. 경매를 시작한 지 6개월 만의 성과였다. 내가 계속 실패하고 도전하지 않았다면 이런 결과는 없었을 것이다. 실패에 머무르지 않고 준비를 했기에 가능한 결과였다.

체력은 국력이다

나는 선척적으로 기관지가 좋지 않다. 그래서 운동이 필수였지만 운동의 중요성을 몰라 평소에 실천해오지 않았다. 그래서 실패한 사례가 고등학교 3학년 수험 생활이었다. 나는 책상에 오래 앉아 있기로 유명했다. 하지만 체력 분배의 실패로 매일 책상에서 졸기 일쑤였다. 만약 운동을 병행했다면 정신력도 좋아지고 끝까지 완주할 수 있었을 것이다.

사업도 도전도 마찬가지다. 만약 내가 체력을 못 이기고 임장 활동도, 경매 공부도 중간에 포기했다면 단독 입찰을 못 받았을 것이다. 또한 나의 6개월을 보상 받지 못하고 헛수고가 됐을 것이다.

그래서 우리는 어떤 일을 할 때 버틸 수 있는 체력 향상을 같이해두어야 한다. 그래야 지치지 않고 롱런할 수 있다. 운동은 일과가 끝나고 난 뒤 하기를 권한다. 일과 후 운동은 수면의 질도 높여준다. 만약 아침에 과하게 운동한다면 하루가 더 힘들어지기 때문에 오히려 악순환이 될 수도 있기 때문이다.

월급 생활자로 살 것인가, 자영업자로 살 것인가

취직하기 전에 직업부터 고민하자

내가 그동안 살아오면서 중요한 목표로 삼은 것 중 하나는 살고자 하는 집과 자동차였다. 주변 사람들도 대부분 비슷한 목표를 갖고 있지 않나 싶다.

친구들은 안정된 직장에 들어가기 위해 학점을 잘 관리하고 면접 준비를 했다. 하지만 난 학교 공부에는 재능과 흥미가 없었다. 이미 여덟 살부터 스무 살까지 노력해봤는데 잘 풀리지 않은 걸 보니 말이다. 그래서 미래에 대한 꿈도 꿔보지 못하고 정말 내가 원하는 것이 뭔지도 몰랐다. 다만 주변에서 하고 있으니 나도 무언가 하지 않으면 안 된다는 불안감에 무작정 따라 한 것 같다.

하지만 스물다섯 살에 처음으로 용기를 내보았다. 그때의 작은 용기가 나를 크게 변화시켰다. 그 용기는 바로 직업을 선택하는 것이었다. 내가 누군가에게 돈을 받는다면 근로자고 내가 누군가에게 돈을 주고 있다면 자영업자인 것으로, 다시 말해 돈을 버는 방식에 따라 직업을 구분했다.

일단 첫 번째 갈림길이 여기에 있는 것 같다. 내가 근로자의 삶으로 살아갈지, 자영업자의 삶으로 살아갈지 말이다. 그런데 대부분 직업에 대해 고민하기보다는 직장에 취직하기 위해 준비를 한다.

인생 목표를 빨리 이루려면 자영업을 선택하자

나는 직업에 대한 고민보다는 내가 근로자로 살아갈지, 자영업자로 살아갈지 선택하는 게 우선이라고 생각한다. 예를 들어 내가 스물네 살에 학생들을 가르칠 때, 낮에는 시간제 강사를 하며 월급을 받는 근로자였다면, 저녁에는 내 학원에서 강의를 하는 자영업자였다. 시간적으로나 금전적으로 시간제 강사보다는 내 학원을 할 때 더 여유가 있었다.

어딘가에 소속되어 안정적인 월급을 받기를 원한다면 근로자의 삶을 선택한 것이고, 어딘가에 소속되어 있지 않고 내가 창업해 누군가에게 급여를 지급한다면 자영업자의 삶을 선택한 것이다. 난 직업을 자영업자로 선택하고 직장인 학원에 집중한 것이다.

그렇다면 월급쟁이가 아닌 자영업을 하면 다 성공하는가? 그건 아니다. 다만 세금의 차이가 있다. 월급 생활자는 나라에 세금을 먼저 납부한 후 급여를 지급받고, 자영업자는 급여를 받아 비용 공제를 하고 난 뒤 남은 이익금으로 계산해 정해진 신고 날짜에 세금을 낸다. 그래서 월급 생활자보다는 자영업을 하는 사람이 세금 면에서 유리하다.

내가 스물다섯 살일 때 나를 한 단계 더 성장시켜준 직업이 보험업이었다. 보험업은 세법상 프리랜서였고 3.3퍼센트의 소득세만 내면 됐다. 한마디로 세금을 적게 내고 내가 가져오는 이익금이 컸다. 그래서 난 1년이 지난 스물여섯 살에 1억 원 가까운 돈을 모을 수 있었다. 내가 한평생 목표로 한 것을 1년 만에 이룰 수 있었다. 이때도 보험이란 직업을 선택하고 미래에셋생명이란 직장에 집중했다.

새벽 시장을 활용해 경쟁자보다 빨리 움직이다

보험 일을 선택하고 집중할 때의 일이다. 입사했을 당시 내 나이가 기존 입사자보다 매우 어렸기 때문에 주위 사람들은 나를 '과연 얼마나 버틸까?' 하는 눈초리로 보았다. 그런 분위기 속에서 버티려면 남들보다 지식도 더 많이 쌓아야 하고 사람들도 더 많이 만나서 계약 성공 확률을 높여야 했다. 그래서 선택한 게 시간표를 작성하는 것이었다.

다이어리를 사서 개인 업무 스케줄을 짜기 시작했다. 큰 틀에서 통제력을 가지기 위해 초등학교 방학 때 작성한 것처럼 큰 도화지에 나의 계획표를 작성해서 정해진 계획대로 움직였다. 일단 내 하루 일과의 첫 시작은 5시에 일어나서 출근한 후 직접 만든 개인 전단지를 이용해 자동차에 꽂는 등 새벽 영업을 하고, 사무실에서 동영상 강의를 본 다음 스케줄 체크를 하는 것이었다. 그러고는 7시에 집으로 돌아와 씻고 회사로 다시 출근했다.

이렇게 새벽 시간을 활용하니 하루가 가벼웠고 시간을 충분히 쓰고 있다는 느낌을 받았다. 또 새벽 시간 활용하는 게 습관이 되다 보니 대부분 그 시간에 자고 있는 경쟁자들보다 더 많은 사람을 만날 수 있었다. 나는 만나는 사람들에게 '젊은 사람이 열심히 사네'라는 말과 함께 격려를 받았고 그들에게 좋은 인상까지 남길 수 있었다.

이처럼 시간 관리는 성공이라는 나의 목표에 한 걸음 더 가까이 가도록 도와주었다. 만약 무언가를 달성하고 싶다면 내가 시간을 어떻게 쓰고 있는지부터 생각해보길 바란다.

도전이 누적되면 불안감은 재미로 바뀐다

개선하지 않으려는 건 도피일 뿐이다

대한민국 가정 요리의 변화를 일으킨 주인공은 '더본코리아'의 대표이사 백종원이라고 생각한다. TV 프로그램 〈마이 리틀 텔레비전〉을 계기로 방송에 데뷔해 누구나 쉽게 요리할 수 있게 가치관의 변화를 준 것 같다. 개인적으로 좋아하는 프로그램은 〈백종원의 골목식당〉인데, 침체되어 있는 권역을 찾아가 상권을 살리는 데 동참해 솔루션을 제시하는 형태다.

상권 살리기에 같이 동참하기 전 백 대표는 항상 먼저 주방을 살핀다. 대부분의 음식점 사장님들이 정말 몰라서 못 챙기거나 귀찮아서 안 챙기는 부분이 바로 주방의 위생 상태다. 백 대표는 항상 요리를 시작하기 전 식재료의 상태나 주방 청결 상태를 살펴보는데, 나도 이 부분이 제일 중요하다고 생각한다.

백 대표는 늘 기본을 이야기하는데, 이 기본을 유지하는 방법이 바로 습관이다. 하지만 이 습관은 잘 바뀌지 않는다. 그래서 무엇인가 방법을 알려줘도 3개월이 지나면 다시 본래 방식으로 되돌아간다며 안타까워한다. 예를 들어 방송에 출연했던 한 업체는 기존 장소에서 건물 주인과의 임대차계약이 만료되어 다른 장소로 이전해야만 했다고 한다. 그래서 근처에 점포를 물색해 이전하여 매장을 오픈했는데, 매장에서 판매하던 메뉴가 방송했을 때와는 많이 다르다는 것을 알 수 있었다.

인터넷에 올라온 소비자들의 불만 사항을 살펴보던 방송국은 해당 매장을 기습 방문해 테스트를 했다. 그런데 점주는 자기들이 계발한 것이 더 맛있고 메뉴도 손님들이 더 찾아주고 좋아한다는 것이었다. 그러나 주방기기를 새로 다 구입했음에도 불구하고 재료 보관은 엉망이었고 주문한 음식을 반도 먹지 않은 채 남기고 일어서는 손님들이 많았다. 손님이 다 나간 후 점주와 얘기를 나누어보니 많이 반성하고 행동이 부족했음을 인정하고 눈물을 보이며 다시 교육을 받겠다고 했다. 그러나 점주는 방송 이후 핑계와 거짓말로 상황에서 도피했을 뿐 개선하는 모습이 보이지 않았다.

의지력보다 행동이 먼저다

이렇듯 변화가 있으려면 행동이 중요하다. 무언가 의식을 가지고 변화가 생길 때까지 필요한 것이 의지력이라는 얘기를 많이들 한다. 하지만 나는 의지력이란 말에 전적으로 동감하지는 않는다. 의지력이 좋으면 행동으로 옮길 수 있을까? 답은 '아니다'. 그 이유는 아침에 일어나는 것만 보아도 알 수 있다.

예를 들어 평소에 아침 7시에 기상한다고 하자. 그런데 기상하는 시간을 새벽 5시로 바꾼다면 우리는 잠들기 전 무의식으로라도 '내일 새벽 5시에 일어나야지' 하고 생각하며 잠들 것이다.

물론 알람도 맞춰놓았을 것이다. 하지만 막상 알람이 울려도 우리는 쉽게 일어나기 힘들다. 일어나도 다시 알람을 끄고 본래대로 잠자던 시간까지 잘 것이다. 그래서 의지력보다는 행동을 먼저 해야 한다고 본다. 기본은 습관을 만드는 것이고 습관은 행동을 실천함으로써 만들 수 있는 것이다. 그러니 생각 말고 행동으로 옮기자.

닭 몇 마리? 아니 닭 몇 수!

어느 분야든 사용하는 전문용어들이 있다. 나는 보험 세일즈를 할 때 보험 용어를 외우고 이해하는 데 시간이 오래 걸렸다. 보험 용어는 계약자, 갱신형, 비갱신형, 주피보험자, 종피보험자, 유배당, 무배당, 상해, 재해, 부담보 등 일반적으로 자주 사용하지 않는 단어들이다.

증권 투자상품도 마찬가지다. 증권 종사자들은 옵션, 옵션 만기, 풋옵션, 콜옵션, 선물, 헷지, 레버리지, 일봉, 주봉, 증거금 등 일반적으로 사용하지 않는 그들만의 용어를 사용한다. 법무 계통이든 의료 계통이든 상황은 마찬가지다. 이렇듯 어떤 분야마다 사용하는 언어가 있다. 만일 부자가 되려면 부자들이 사용하는 언어를 이해하고 알아야 한다.

전문용어를 많이 익히고 보통의 사람들에게 전문용어로 이야기하면 전문가로 보인다. 그리고 사람들은 전문가에게 설득을 당한다. 정육점에 가서도 고기의 특수 부위를 일반인은 알지 못한다. 삼겹살을 사려다가도 사장님이 특수 부위를 절단하며 설명을 한다면 삼겹살을 고르지 않고 특수 부위를 구매할 확률이 높다.

내 분야인 닭 유통으로 살펴보면 재고 파악이나 닭을 구입할 때 숫자 표현을 '마리'라고 표기하지 않고 '몇 수'라고 표기한다. 예를 들어 "삼계닭 10마리 주세요"라고 하지 않고 "정삼계 10수 주세요" 이렇게 말이다. 일반인이 들었을 때는 이해가 선뜻 안 될 수 있다. 그래서 어느 분야든 전문가로 보이려면 그 계통의 언어를 많이 배우는 게 좋다.

발목을 붙잡는 욕심을 캐치하라

만약 하고 있는 장사가 잘되면 더 많이 팔고 싶을 것이다. 나에게 〈백종원의 골목식당〉에 출연한 업체 중 최고의 식당을 꼽으라고 한다면 '포방터 시장' 편에 나왔던 '연돈'일 것이다. 이 집은 돈가스만 판매하는 집인데 사장님과 사모님의 마인드를 배우면 좋을 것 같다. 사장님은 주방 담당이고 사모님은 홀 담당인데 사장님은 매일 일정량만 판매하고 더 판매하지 않는다. 이유는 맛을 유지해나가기 위해서라고 한다.

이 집은 전날 새벽에 와야만 먹어볼 수 있을 정도로 매일 문전성시를 이룬다. 하지만 상가연합회의 횡포와 주민들의 민원으로 가게 이전을 결심하셨는데 이전 장소는 제주도였다. 내심 이제 손님들 발길이 좀 줄어들겠네 생각했는데 오히려 대신 기다려주는 알바생까지 생겼을 정도로 그 인기는 나날이 더 높아져만 갔다.

이유는 간단하다. 더도 말고 덜도 말고 딱 하루 한정판매 원칙으로 하고 있기 때문이다. 맛의 질을 위해서 양을 포기한 것이다. 누구라도 장사가 잘되는데 300개, 500개 안 팔고 싶겠는가? 처음에는 나도 '하루 100개만 팔면 딱 그만 팔아야지'라는 생각을 했었지만 생각한 것을 꾸준히 실천하는 행동으로까지 이어지진 않았다. 너무 큰 욕심은 오히려 발목을 붙잡을 수 있다.

4차 산업 도래에 회사의 미래를 고민하다

기술이 발전함에 따라 산업의 지형도 바뀌고 있다. 인터넷의 발달로 우리 회사도 온라인광고 또는 제품을 출시해 급성장했다. 하지만 점차 소비자의 구매 패턴도 변하고 충성고객이 사라지고 있기에 회사는 소비자의 구매 패턴에 관해 연구하고 준비해야 한다고 생각한다.

2019년부터 매일 고뇌하고 있는 내 모습에 주변에서도 많은 아이디어와 고민을 함께 해줬는데 그중에 맘에 드는 아이디어가 있었다. 그것은 로봇팔이 커피를 추출하는 매장을 보고 든 생각인데, 치킨도 로봇팔을 이용한다면 인건비를 많이 절약할 수 있을 것 같다는 것이었다.

이 부분을 좀 더 연구하면 24시간 매장 운영도 가능해 보였다. 그런데 아직 기술의 부재로 인해 출시되기까지 어려움이 있다는 생각이 들었다. 또한 소비자들이 위생적이지 않다고 느낄 수도 있을 것 같아 성장 사업으로는 무리가 있어 보였다.

그래서 일단 추진을 멈췄는데 6개월 정도 지났을 무렵, 대구 동성로 지역에 무한 리필 치킨점이 잘된다는 기사가 올라왔다. 특이한 것은 치킨을 로봇이 튀긴다는 것이었다. 내가 생각한 것이 현실로 나온 것을 보고 순간 '누군가는 나와 같은 생각을 하고 행동했구나'라고 느꼈다.

대구 동성로에 내려가 먹어보니 한 사람당 7,900원에 무한으로 치킨을 즐길 수 있었고 맥주는 별도로 시켜 먹을 수 있었다. 사람들도 로봇이 치킨을 튀기는 것을 신기해하며 사진을 찍고 동영상을 촬영했다. 매장은 손님들로 북적였다. 다만 완전 자동화는 아니라서 주방에 로봇을 도와가며 보조해주는 인력은 필요했다. 하지만 난 무한 리필로 한 번 망해본 경험이 있어서 무한 리필 콘셉트를 풀어내기보다는 단품 위주로 맛을 더 보완한다면 충분히 좋은 브랜드를 만들 수 있을 것 같았다.

그곳 견학을 다녀온 후 나는 멈춘 프로젝트를 재기했다. 다행히 우리 프로젝트에 관심을 보인 로봇팔 회사가 있었는데 'x-arm'이라는 교육용 기계를 한국에 보급해주는 회사였다. 본사는 대만에 있는데 한국 총판을 부산에서 맡고 있었다. 경기도에서 미팅 약속을 잡고 우리의 계획을 얘기하니 현실에서 불가능한 일은 아니고 연구개발이 좀 필요하다고 했다.

'현실 불가능한 일이라 생각하고 행동으로 옮기지 않았다면 이런 기회를 잡을 수 있었을까?'라는 생각이 드는 순간이었다. 곧바로 대만에 기계 주문을 하고 회사 1층에 연구 시설을 만들기 시작했다. 기계 한 대당 구입 비용이 높아 리스 프로그램 도입, 배달 연동 시 센서 인식, 조리 반경 등 해결해야 할 과제가 생겼지만 이것 또한 성장하는 시간이란 생각이 들었다.

미래를 향한 새로운 도전

우리의 연구개발은 현재 진행형이다. 기사를 보니 서울 강남에 '롸버트치킨'이란 상호로 로봇팔 관련 매장이 한 곳 더 오픈했다. 이제 한국에서 기계로 튀겨주는 치킨 브랜드가 두 개가 됐다. 만약 내가 오픈한다면 로봇팔 점포로는 우리 회사가 대한민국 세 번째가 되는 것이다. 아직 경쟁자가 많지 않아서 블루오션이지만 단점이 더 큰 것이 현실이다.

일단 아직 완전 자동화 라인을 설치할 수가 없다. 인력은 무조건 필요한데 기계 설치 투자비가 높다. 직영 사업은 가능하나 가맹 사업으로는 어려움이 있어 보인다. 추가로 우리 회사는 현재 업계 최초로 전국 5대 광역시에 자체 공장을 설립하여 신선육 전국 당일 배송이라는 도전을 진행하고 있다. 이 도전부터 성공시켜야 한다.

내 생각에 어느 분야건 5년 이상 공부하면 전문가가 되는 것 같다. 의사들도 전문의 면허를 취득하는 데 대학교, 레지던트까지 10년 이상이 걸리지 않는가? 나 또한 내가 하는 사업의 전문가가 되고, 앞으로 5년 뒤 우리 회사가 닭고기 제조와 유통 부분에서 창업하는 사람들에게 정보를 드리고 교육해드리는 회사로 거듭나고 싶다다.

이렇게 계속 도전을 멈추지 않는 이유는 '불안감'이 가장 크다. 아직 우리 회사는 5년밖에 되지 않았기 때문이다. 자본주의는 '경쟁'이기 때문에 경쟁에서 지지 않기 위해 계속해서 남들보다 더 빠르게 도전하고 있다. 이런 도전들이 누적되다 보면 어느 순간 '불안감'으로 시작되었던 것들이 놀이를 하는 것처럼 재미가 생긴다. 이 재미가 곧 도전하는 즐거움이 된다. 여러분도 어느 분야를 선택했다면 최소한 3년 이상은 집중해서 해보길 권장해본다.

4장

사장을 꿈꾸는 이들을 위한 어드바이스

창업 전 알아야 할 것들

나를 도와줄 사람을 찾아라

우리 회사에는 3명의 지점장이 있었다. 서울·경기권역, 중부권역, 남부권역, 각 지역에서 공장을 운영했다. 다들 대전 유성의 오일장에서 같이 일하면서 처음 인연을 맺었다. 함께 치킨 유통도 하고 오일장에서 노점 장사도 했다. 초창기에 나를 믿고 따라와 준 남부지점장은 대학교 진학도 포기하고 입사한 케이스다. 중부지점장은 연애를 3년간 하지 않겠다는 약속을 지키며 따라와주었고, 서울·경기지점장은 주말부부가 되면서까지 나를 믿고 따라와주었다.

각각의 지점장들과 함께 일하게 된 계기는 이러하다. 남부지점장은 내가 부어치킨 청양점을 오픈하고 알바생을 모집하는 과정에서 수능 입시가 끝나고 잠시 겨울방학 동안 아르바이트를 하기 위해 찾아왔었다. 일 외적으로도 많은 상담을 해줬고 진정 원하는 것이 무엇인지 고민해보라고 조언도 해주었다. 이를 계기로 남부지점장과는 법인회사를 설립하기 전에도 많은 부분을 함께했고 설립 후에도 5년간 함께 해준 든든한 조력자라고 할 수 있다.

중부지점장은 사촌동생의 친구로 회사 설립 후 일손이 부족해 도움을 요청했을 때 소개를 받았다. 첫인상은 외모가 곱상하게 생겨서 힘든 일을 버텨내지 못할 줄 알았다. 당시에는 회사 방침이 '강한 자만이 살아남는다'라는 스파르타식이어서 처음 온 직원들은 한 달을 채우지도 못하고 그만두기 태반이었다.

하지만 이 사람은 새벽에도 늦지 않게 출근하고 책임감도 강했다. 다만 우려스러운 건 아직 만나는 사람이 없어서 여자친구가 생겼을 때 외부적으로 영향이 있을 것 같아 입사 조건에 우스갯소리로 3년간 연애 금지 라는 단서를 달았었다. 일이 바빠서였는지 아니면 약속을 이행한 건지는 몰라도 정확히 3년이 지난 2020년도에 연애를 시작했다.

서울·경기지점장은 내가 법인 설립 전에 포섭한 친구다.

이 친구가 아니었다면 대전에서 사업을 시작할 생각을 못했을 것이다. 2015년 9월 한가위에 이 친구와 족발집에서 소주 한 잔 마시며 미래에 대해 이야기를 나눴다. 친구는 병원 사무장이었는데 보수 및 미래에 대해 불안감을 느끼고 있었다.

나는 미래에 대한 확신은 있었지만 혼자 진행하기에는 인력이 부족했다. 그래서 친구에게 나의 일을 도와줄 수 있는지 물어보았고 고민 끝에 나의 비전을 듣고 함께 해준다고 했다. 이날 친구가 나와 같이 동참하기 어렵다고 했으면 나는 법인 설립을 생각지 못했을 것이다. 이 외에도 지점을 설립할 때 친구가 전출을 가서 지점을 관리해준다고 하였기에 회사를 더 성장시킬 수 있었다.

사업 초창기 이들이 함께해주지 않았다면 회사를 성장시킬 수 없었을 것이다. 특별하게 잘 챙겨주지는 못했지만 나의 열정과 추진력을 보고 그들도 함께 해주었던 것 같다. 지금은 각각 자신의 자리를 찾아서 그들도 새로운 사업에 도전하고 있다.

시작은 혼자 하는 것이지만 나를 도와줄 사람을 찾는다면 실수를 줄이며 목표한 것에 좀 더 빨리 갈 확률이 높다. 그래서 여러분도 시작은 하되 생각하고 있는 방향이 맞는 방향인지 조언을 해줄 사람도 찾아보고 내가 행동에서 막히는 부분이 발생할 것을 대비해서 조력자를 찾는 게 중요하다.

자금 확보가 창업에서 가장 중요하다

만약 지금 창업을 했다면 한 번쯤 스스로에게 이런 질문을 해보자.

"내가 모든 걸 잃는다면, 5년 안에 빚을 갚을 수 있을까?"
"모든 걸 잃고 빚만 남았는데 다시 도전할 용기가 있을까?"

나 또한 사업을 하며 매순간 자신에게 물어보는 질문들이다. 나의 대답은 '그렇다'다. 나는 빚을 갚을 수 있고 다시 도전하고 모든 걸 이루었던 과거보다 빨리 부를 이룰 수 있다. 그 이유는 자금 확보가 제품, 인력, 상표, 특허보다 중요하다는 것을 알기 때문이다. 나는 이미 20대에 동업의 실패로 인해 급하게 자금을 만들어보았고 재기할 때도 자금을 만들어보았다. 힘들 때마다 제일 중요한 것은 역시 돈줄이었다.

1인 가구가 점차 늘어남에 따라 배달업도 동반 성장해나가고 있다. 이제 오프라인 매장으로 찾아가 음식을 먹는 것보다는 집에서 편하게 배달시켜 먹는 시대로 바뀌고 있다. 사람들은 예전에 전단지를 보고 주문을 했었다면 이제는 스마트폰 앱을 이용해서 주문한다.

배달 앱의 선두주자는 역시 '배달의 민족'일 것이다. 배달의 민족을 운영하는 '우아한 형제들'은 지난 2011년 7월 투자 회사로부터 3억 원의 시드 투자를 받으며 본격적으로 투자 유치를 받기 시작했다. 이듬해부터 2014년까지 20억~120억 원 규모의 투자금을 유치했다. 이 자금으로 공격적인 마케팅을 할 수가 있었고 시장에서 점유율을 50퍼센트 이상 가져가는 큰 회사가 되었다.

자기 자신을 통제할 줄 알아야 한다

스스로를 통제하는 일은 매우 힘든 일이다. 간혹 신문이나 뉴스에서 복권에 1등 당첨이 되었다가도 몇 년이 지난 후 빈털터리 거지가 된 기사를 많이 보았을 것이다. 월급이 인상되거나 보너스를 받으면 새집으로 이사 가거나 새 승용차를 구입하거나 호캉스를 다니는 것도 같은 맥락이다. 이런 이유는 수련이 부족하기 때문이다. 나 또한 20대에 순간의 부를 경험했을 때 나 자신을 통제하지 못해 무너지고 말았다.

먼저 자기 자신에게 투자할 줄 알아야 한다. 자기 자신에 대한 투자의 의미는 곧 개인적인 시간이라고 부를 수 있겠다. 나는 투자 공부를 게을리하지 않고 지식을 채우는 데 시간을 쓰고 있다. 흔히 창업을 할 때 대부분 제품, 서비스, 신기한 기술에 초점을 맞춘다. 하지만 내가 바라보는 관점은 위에 열거한 자금 확보(현금 흐름), 사람(도와줄 사람), 자기통제(개인적인 시간)가 제일 중요하다고 본다.

여기서 자기통제를 학습하려고 한다면 은행 직원과 친해지면 된다. 자신의 대출을 담당하고 있는 직원과 수입과 지출에 대해서 토론을 해보라. 그러면 자신의 현재 지출 수준이나 신용등급을 알 수 있을 것이다. 절대 창업에 성공했다고 해서 현금 흐름까지 좋은 건 아니다. 부디 창업에 성공했을 때 자만하지 말고 지출을 낮은 수준으로 유지하되 무엇보다 자산을 구축하는 데 힘을 쏟길 바란다.

실행이 아이디어보다 더 중요하다

젊은 친구들이나 취업을 준비하고 있는 사람들과 취업에 관해 이야기를 나누면 이런 생각들이 많은 것 같다.

"우리는 지금 무엇을 위해 이렇게 공부하고 있는 걸까?"

"나는 어떤 일을 하며 살아가야 하는 걸까?"

"창업 아이디어는 있는데 마케팅부터 시작해야 하나? 제품 개발부터 시작해야 하나?"

"막상 도전했는데 실패하면 어쩌지?"

"지원서를 넣었는데 막상 일해보니 내가 좋아하지 않는 일이면 어쩌지?"

나는 이미 답을 그들 스스로가 알고 있다고 생각한다. 일단 행동을 하고 난 후 잘못된 것이 있으면 수정하고 보완하고 나아가면 되는데 말이다.

창업 전 많은 사람이 먼저 생각하는 것은 아이디어, 곧 어떤 '제품'으로 할 건지에 대해 초점을 맞춘다. '어떤 상품으로 선점해야 소비자에게 잘 팔릴까?', '소비자가 좋아하는 성향은 무엇인가?' 이런 생각을 안 할 수는 없겠지만 생각만 한 채로 끝나서는 안 된다. 직접 시장조사를 해가며 행동해보아야 한다.

우리 회사의 업무 중 프랜차이즈 본사와의 상담은 내가 직접 하고 있다. 그런데 질문 사항 중에 제품이 잘 팔릴지, 제품의 맛이 경쟁사보다 뛰어난지 하는 질문을 받을 때면 대답하기가 참 어렵다.

일단 제품을 출시하고 소비자 반응을 보면서 수정해나가면 고민 시간이 더 줄어들 것이다. 우리는 일상생활의 불편한 점들을 통해 많은 아이디어를 떠올리고 개발한다. 나는 중국 음식을 좋아하는데 특히 면을 좋아한다. 언제인지 잘 기억은 안 나지만 어릴 적 친구가 짬뽕과 짜장면을 동시에 같이 먹고 싶다고 한 적이 있었다. 그때는 말도 안 된다고 생각했었다. 그런데 시간이 흘러 이제는 '짬짜면'이라는 제품이 배달된다. 대단한 기술력이 들어가지도 않았다. 그냥 그릇만 반으로 나눈 게 전부다. 그릇을 반으로 나눈 것뿐인데 대히트를 친 것이다.

이처럼 불편한 사항을 개선해 제품으로 만들어진 게 주변에는 많다. 당신도 할 수 있다. 당장 떠오르는 아이디어를 행동으로 옮겨보자.

청년이여, 사업 준비를 하라

미래에 펼쳐질 모든 일의 시작점

사업가가 되는 첫걸음은 생각을 바꾸는 것이다. 내가 스물네 살에 안정을 포기하고 자유를 선택했던 날, 나에게는 많은 변화가 있었다. 구체적인 변화는 타인이 만든 규칙에 따르는 것이 아니라 나 자신의 규칙을 만들어 주체성 있는 삶을 가기로 한 것이다. 나는 타고난 사업가가 아니란 걸 스스로 잘 안다. 게다가 정규교육 과정은 마치지도 못했다. 그렇다고 집안이 풍족한 것도 아니었다. 다만 생각이 떠올랐을 때 행동한 것이 전부였다.

내가 학원을 그만두고 '보험 세일즈를 시작해볼 수 있을까?'에 대해 이틀 정도 고민하고 미래에셋생명에 면접을 보러 서산 사업단으로 갈 수 있었던 것은 '일단 한번 부딪혀보자'라는 마음으로 '해보고 안 되면 그때 일은 그때 가서 생각하자'라고 마음먹었기 때문이다.

어찌 보면 참 무모했다. 인생의 진로를 고작 이틀 생각하고 해오던 걸 다 버리고 새로운 분야에 도전한다는 것은 준비가 안 되어 있다고 볼 수도 있다. 하지만 그 당시에는 오로지 패기만 가득했던 시절이었다. 난 이 패기와 도전으로 내가 배우고 싶은 유통 분야를 공부할 수 있게 되었고 경제적인 부를 일부 맛보기도 했다. 결국 나의 행동이 앞으로 펼쳐진 모든 것들의 시작이 되었다.

실패를 우습게 만들어라

내 친한 후배는 의류 창업이라는 꿈을 가지고 있었다. 그는 남들 앞에 나서는 것을 두려워하지 않고 성격도 외향적이었다. 자신만의 안목이 확실하고 옷 콘셉트도 확실했다. 그래서 이 분야에 뛰어들어 성공하고 싶어 했다. 그런데 그의 머릿속에는 행동을 방해하는 요소가 있었다.

첫 번째 방해 요소는 기존에 다니고 있는 직장이었다. 옷을 구입하기 위해 동대문 새벽 시장까지 3시간이 소요되었다. 평일에는 구매를 할 수가 없어서 주말에 시간을 쪼개서 다녀와야 했다. 회사에 출근하느라 바빠서 사업 준비를 할 시간이 없다는 것이다. 두 번째는 자금이었다. 물건을 구매해서 반응을 보려면 최소한의 투자는 해야 하는데 선투자하는 것을 망설였다. 이 고민을 지금도 하고 있는지는 모르겠으나 아직도 기존 회사에 다니고 있는 거로 보아 3년째 생각만 한 채 행동하지 못한 것 같다.

반대로 내 친한 선배는 LG전자에 입사해 GM대우 인사부로 이직하고 공부방 창업에 대해 고민하고 있었다. 매일 반복적으로 출근하는 삶에 지루함을 느꼈고 적게 받는 급여는 아니었으나 투자를 할 종잣돈을 만들 수 없다고 판단되어 기회가 왔을 때 희망퇴직하고 제2의 인생을 살고 싶어 했다.

챙길 가족도 있는 상황에서 회사를 그만두고 수입이 사라지는 창업을 한다는 것은 힘든 결정이다. 그러나 그는 결국 그동안 다니던 회사를 정리하고 공부방을 창업했다. 나는 앞으로 생각지 못한 고난이 분명 있을 거라고 하지만 포기하지 않고 상황을 보완하면서 인내해나간다면 잘 해결될 거라고 조언하고 잘한 선택이라며 격려를 아끼지 않았다.

예상대로 친한 선배는 시작하자마자 어려움에 봉착했다.

처음에 수강생이 모아지지 않아 수입이 50만 원밖에 없었는데 당시 3인 가족이 지출하던 생활비가 300만 원이어서 마이너스 통장으로 연장해가며 생활했다. 다시 회사로 돌아가고 싶은 마음도 들었지만 실패를 인정하고 방문교사 운영 방식에서 교습소 형태로 운영 방식을 바꾸니 매출도 늘고 이제 안정이 되어가고 있다고 한다.

나의 도전을 막는 건, 나 뿐이다

우리는 초등학교 입학 전 유치원에서 미리 학습을 한다. 방과 후 학습지 방문 교사에게 미리 예습 교육도 받는다. 고등학교 입학 전에는 선행학습이라는 것도 배운다. 이처럼 우리는 무엇인가 변화가 있기 전 미리 관련 분야에 대해 학습을 한다. 사회에서도 마찬가지다. 우리가 다른 분야로 이동하기 전 아무런 조사와 경험도 해보지 않고 도전한다는 것은 너무도 위험하다. 나는 20대에 미리 학습을 하지 않아 얻은 것보다 잃은 것이 더 많았다.

예를 들어 요식업을 창업한다고 가정해보자. 단순히 단기 근무로 며칠 일해서는 요식업을 다 이해할 수가 없다. 요리하는 것이 전부가 아니기 때문이다. 실제로 창업하는 데 필요한 위생 교육이며 고용 문제, 개인 사업소득세, 부동산 위치별 전략, 매장 휴무 문제, 공과금 문제 등 실제로 진짜 일어날 상황들에 대해 알아보고 생각하고 접근해야 한다.

내가 말한 사례를 보면 두 사람의 차이가 다른 결과를 가져왔다는 것을 알 수 있다. 첫 번째는 생각만 한 채로 행동하지 않은 사람은 지금도 다른 사람이 만들어놓은 규칙과 문화대로 살아가는 반면 한쪽은 이제 내가 만든 규칙과 문화로 자유를 얻어 살아가고 있다는 점이고, 두 번째는 선배의 경우, 도전해서 비록 실패했지만 보완을 통해 앞으로 나가고 있다는 점 그리고 만약 그 실패를 줄여주기 위해 미리 교육을 받았다면 좋았을 것이라는 점이다.

나는 알고 있다. 당신의 마음속에 행동하지 못하는 많은 방해 요소가 있다는 것을 말이다. 행동하기 위해서는 머릿속의 여러 가지 방해 요소를 다 버려야 한다. 그리고 해당 분야에 종사하기 전 교육받을 행동을 하면 된다. 막상 시작하고 나면 그 고민들은 사실상 예상보다 크지 않음을 느끼게 될 것이다.

아무리 좋은 제품이라도 못 팔면 무용지물이다

사장 다음으로 돈을 많이 버는 사람은 누구일까

대한민국을 대표하는 자동차 브랜드는 현대·기아, 쌍용, 르노삼성이 있다. 나는 이 중에서 현대차그룹에 유독 관심이 간다. 사장 다음으로 돈을 많이 받는 사람은 부사장 아니면 상무나 전무일 거라고 생각했는데, 현대차그룹 자동차 영업 사원이 2년 연속 사장 다음으로 돈을 많이 잘 번다는 기사가 났기 때문이다. 영업 사원이 회사를 대표하는 사장 다음으로 돈을 벌 거란 생각은 못 해봤는데 그 글을 접하고 나서 왠지 모를 뿌듯함을 느꼈다.

여러분은 좋은 제품을 만드는 것이 중요하다고 생각하는가? 제품은 미완성이지만 그 제품을 잘 파는 것이 중요하다고 생각하는가? 나는 좋은 제품이 있더라도 못 팔면 쓸모가 없다고 생각한다. 무엇이든지 파는 능력이 중요하다. 그래서 나는 세일즈 계통에 입사하여 기술을 배우라고 권하고 싶다. 단시간 고수익을 얻는 직업군은 다음과 같다.

첫 번째 부동산중개업, 두 번째 자동차 영업, 세 번째 보험업이다. 만약 여러분이 이외의 직업군에 있다고 해도 파는 능력은 중요하다.

예를 들어 편의점에서 알바를 한다고 해도 판매 기술이 필요하다. 계산대에서 고객이 상품을 결제하러 올 때까지 기다리는 것보다는 물건을 추천해줌으로써 판매 매출을 더 높이거나 고객을 단골로 만들어 재방문율이 높아지면 나의 존재감 또한 더 높아질 수 있다.

상품 종류마다 다른 판매 프로세스

상품은 보통 두 가지 종류로 나뉜다. 유형의 상품과 무형의 상품이다. 유형의 상품은 우리가 눈으로 확인 가능한 것들이다. 그리고 무형의 상품은 눈으로 보이지 않는 것이다. 사람은 눈으로 보이지 않는 실체에 대해서는 불안감을 가진다.

그래서 무형의 상품을 꺼리거나 싫어한다. 나는 유형의 상품도 판매해보았고 무형의 형태도 판매해보았다. 직접 판매도 해보았고 다단계 방식으로도 팔아보았다. 두 상품 다 판매 프로세스는 동일하다. 판매 프로세스는 다음과 같다.

고객 발굴 → DM(우편 or 이메일) → TA(전화) → 방문 → 상품 설명 → 계약 → 사후 관리

간략히 전체적인 프로세스를 서술하면 첫 번째 고객 발굴은 보통 가까운 지인에서 찾는다. 우편이나 이메일로 회사의 신상품 출시나 관련 자료를 보낸다. 지인은 만나기 부담이 없으니 전화를 걸어 약속 날짜 및 장소를 정한다. 약속된 날짜와 장소에 가서 사전에 보낸 상품에 대해 설명한다. 계약이 성사되면 지인 소개를 부탁하기도 하고 계약이 안 되면 재차 방문 약속을 잡고 헤어진다.

20세기 세일즈에서 21세기 마케팅으로의 진화

세일즈를 배우고 성과를 낼 줄 알았다면 그 이상을 준비해

야 한다. 그 이상의 준비란 마케팅을 배우는 것이다.

세일즈는 일대일 매칭 개념이다. 내가 누군가의 특정 대상에게 상품이 가진 장점을 설명하며 판매하는 것이다. 시간도 오래 걸리고 내가 없으면 판매까지 이어지지 않는다. 하지만 이 개념이 정립되지 않은 채 처음 장사를 시작했을 땐 무조건 성공시킬 수 있다는 자신감뿐이었다. 그 자신감의 근거는 내가 세일즈를 배웠고 높은 성과를 냈었기 때문이었다.

그러나 장사는 아니었다. 내가 쫓아다니며 파는 것이 아니라 고객이 내 매장까지 와야만 판매를 시도해볼 수 있는 것이었다. 그래서 필요한 것이 온라인이다. 온라인을 통해 광고를 내고 고객을 불러들일 수도 있고 또는 불특정 다수에게 상품을 판매할 수도 있다. 요즘 이에 더 나아가 스마트폰으로도 구매와 판매가 이루어진다. 마케팅의 방식도 진화하고 변화하는 것이다. 이 변화되는 흐름 속에 여러분도 하루 빨리 행동하길 바란다.

월급 생활자와 사업가의 차이를 알아야 한다

열두 살 어린이 유선국, 월급 생활자로 학습되다

㈜형지엘리트의 교복 브랜드 엘리트 학생복이 2020년 1월 발표한 '10대 청소년 희망 직업' 설문조사에 따르면 청소년들의 희망 직업 1위는 방송 관련직이다. 그 뒤로 의료직과 교사직이 각각 10퍼센트의 순이다. 10년 전에는 교사, 의사, 간호사, 경찰, 공무원 직업이 선호도가 높았지만 현재는 새로운 분야의 직업 선호도가 높다.

10대 선호도로 방송 관련직이 1위지만 초중고별로 살펴보면 고등학생의 경우 의료직, 중학생의 경우 교사, 초등학생의 경우 조리사, 방송 쪽이다. 주로 부모님이나 선생님이 추천해주는 직업군으로 희망 직업군의 정보를 스스로 찾는다고 한다.

나는 초등학교까지 넉넉지 못한 생활 형편으로 5학년 때 남들보다 일찍 사춘기가 찾아왔다. 사춘기 시절 왜 학교 가서 열심히 공부해야 하는지 몰라 아버지에게 물어보았다. "왜 학교 가서 공부를 열심히 해야 하나요?" 그러자 아버지는 "좋은 성적표를 받아야 좋은 대학교에 가고, 좋은 대학교를 졸업해야 좋은 회사에 취직을 할 수 있다"고 말해주셨다. 내가 "좋은 대학교는 어디예요?"라고 물으니 아버지는 "SKY 대학교"라고 했다. 나는 또 궁금했다. "좋은 회사는 어디인가요?" 아버지는 "좋은 회사는 안정적으로 너에게 월급을 주는 회사란다"라고 말했다.

그래서 죽을힘을 다해 3년이란 시간을 좋은 대학교에 가기 위해 밤, 낮으로 학업에 매진해보았지만 좋은 대학교에는 가지 못하고 전문대학교에 입학하게 되었다.

어렸을 때 학교에 등교할 때면 아버지에게 "학교 다녀 오겠습니다"라고 인사를 하고 갔다. 그러면 아버지는 "학교 가서 열심히 공부하고 오너라"라고 대답해주셨다. 조금 더 시간이 지나고 생각해보니 어릴 적 아버지가 나에게 격려해준 "학교 가서 열심히 공부하고 오너라"라는 말은 나에게 두 가지 의미로 받아들여진다.

하나는 나에게 월급 생활자로 살라고 말씀하신 것이었다. 즉, 나를 한계치 안에서만 살라고 하신 것이다. 다른 하나는 학업에 성실히 매진하는 습관을 잡으라는 것이다. 나중에 커서도 무엇인가에 도전했을 때 꾸준히 해나갈 수 있는 태도를 잡기 위함이었다.

나는 경제적 자유를 위해 달려왔다

성년이 되고 난 뒤 점차 아버지가 쇠약해지는 모습을 보면서 육체적으로 돈을 버는 방식은 '내가 아프면 돈을 벌지 못하겠구나', '내가 날씨가 좋아서 여행을 가면 돈을 가져다주지 않는구나', '일이란 쉬는 것이 아니구나', '언제든지 돈을 벌 수 있는 것은 아니구나'라는 생각이 조금씩 들었다.

그래서 스물네 살이 되던 해 나는 이미 10대에 한 번 도전해서 실패한 학교 교육을 포기하고 돈과 관련된 공부를 하기로 마음먹고 언제가 나만의 사업을 하리라고 다짐했다.

사업을 한다고 다 자유를 얻고 안정이 따라오는 것은 아니다. 월급 생활을 하는 사람이 안정감 있고 정해진 휴일도 있어서 자유도 있어 보인다. 하지만 내가 생각하는 자유는 시간이란 것이 통제되는 삶이고 기본적인 의식주에서 고민이 없는 삶이다.

그러려면 돈이 돈을 벌어주는 시스템이 있어야 하는데 이 시스템을 만들기 위해서는 월급 생활자보다는 창업가가 훨씬 더 빠르다. 창업가는 정해진 급여가 아닌 무한대로 수익을 올릴 수 있기 때문이다. 창업가는 시간이 지날수록 자유로워지고 안정을 찾아서 간다. 반면 월급 생활자는 시간이 지날수록 자유로워지지 못하며 퇴직이라는 고용불안으로 안정에서 멀어져만 간다.

어느 사업가의 이야기

"야, 너두 할 수 있어" 문득 텔레비전 광고를 보다가 배우 조정석이 외친 말이다. 처음엔 무슨 광고인지 몰랐는데 마지막까지 보니 온라인 영어 강의 광고였다. '야나두'의 김민철 대표는 대기업 KT에 입사 했다가 회사를 때려치우고 창업에 뛰어든 사람이다.

퇴직금과 소상공인대출로 1억 원가량 자본금으로 창업 시장에 뛰어들어 '야나두' 회사를 설립하기 전 27번의 사업 실패가 있었다고 한다. 김 대표는 이런 사업 실패를 경험으로

업계에는 없는 마케팅을 내놓았다. 그 마케팅은 수강을 다 채우지 못하면 환불해준다는 정책으로 수강생들은 환불에 대한 안정감으로 더 열심히 공부했고 성적도 향상되어 주변에 입소문이 났다고 한다.

현재 야나두는 카카오 키즈와 합병해 국내 최대 교육 플랫폼으로 도약 중이며 2020년 1천억 억 원 매출을 시작으로 3조 원 이상의 대한민국 넘버원 교육 플랫폼이 되겠다는 포부를 밝혔다.

만약 김민철 대표가 대기업 연봉과 복지에 만족했다고 하면 영어교육 시장의 패러다임은 변하지 않았을 것이다. 김 대표는 대기업의 안정을 택하는 대신 답답함과 지루함에서 벗어나기 위해 자유를 택했다.

이처럼 성공한 창업은 사람들의 불편함을 편함으로 바꾸어주고 생태계를 좋게 만들어준다. 여러분도 작은 것부터 시작하면 된다. 예를 들어 시간이 없다고 하는 사람은 잠자는 시간을 줄여보라. 광고처럼 여러분에게 말해주고 싶다.

"당신도 할 수 있어."

도전할 수 있는 작은 용기가 필요하다

궁금증을 위해 또다시 부딪혀보다

20대 시절, 여러 책을 읽다가 《부자 아빠 가난한 아빠》에서 미래 사회의 비즈니스는 네트워크 마케팅이 대세이며 프로슈머 형태로 소비한다는 문장을 읽게 됐다. 나는 20대에 독서를 좋아해 길을 걷다 도로 전봇대에 붙어 있는 독서 모임 전단지를 보고 참여한 적이 있었다. 처음엔 단순한 독서 모임인 줄 알았는데 한 달에 한 번씩 서울 본사로 데리고 가는 것이었다.

회사 이름은 하이리빙이었는데 뭔가 기분이 이상해 한번

올라가고 난 뒤 독서 모임에 나가지 않았다. 이 경험이 계기가 되어 제대로 된 네트워크 회사를 한 번쯤은 경험해보고 싶었고, 그 시스템이 무엇인지 배우고 싶었다.

그 후 서른일곱 살, 우연히 신문지를 보다가 웅진이라는 대기업이 판매 방식을 직접 판매에서 네트워크 판매 방식으로 바꾸어 사업을 전개한다는 글을 보았다. 대전 지역에도 사업 전개가 되는가 싶어 검색해보니 몇몇 블로그에 글이 올라와 있었다. 또다시 배우고 싶은 욕구가 샘솟아 전화를 걸어 사업설명회에 참석 예약을 했다. 역시 작은 상가 건물에서 설명회는 시작되었고 소수의 사람만 모여 성공한 강사의 설명을 듣고 앞으로 우리도 성공할 수 있다는 달콤한 이야기를 듣고 나왔다.

나는 사업체를 운영하고 있었지만 네트워크 관련 책들에 나와 있는 시스템대로 배워 돈이 벌리는지가 궁금했다. 네트워크 사업은 기본적으로 진입 장벽이 낮았는데 상품을 사야 정회원이 되고 수익을 내려면 사람들에게 소개해 소개자들이 상품을 이용해야만 했다.

나의 잠재력과 가능성을 믿어라

흔히 뉴스 사회 면에는 옥장판 다단계 사기라든가 조희팔처럼 희대의 사기꾼이 자주 나온다. 그래서 한국인 정서에서는 네트워크가 안 좋은 이미지를 가지고 있다. 실제로 사업을 해보니 한국에는 정식으로 허가를 받지 않고 사업을 하는 회사도 많았고 인가를 받았지만 부도덕한 회사도 많았다. 나도 20대에 좋지 않은 기억이 있었지만, 나만은 좋은 회사를 선택하고 시스템을 잘 배워 주변 사람에게 피해를 주지 않고 성공하리란 자신이 있었다.

당시에 나도 네트워크에 너무 빠져 있어서 링거 투혼을 발휘하며 활동을 했다. 1차적으로 가족과 친구에게 전파하고 2차적으로 보험회사에 같이 근무했었던 동료들에게 전파하였다. 확실히 세일즈에 강한 직업군이라 그런지 내 조직은 순식간에 많은 사람이 모여들었고 회사에서도 우리 그룹을 유심히 지켜보았다. 3개월 동안 나를 중심으로 우리 그룹은 타지역 그룹보다 월등히 좋은 실적을 냈다. 그 뒤로 네트워크 쪽으로 더 펼쳐나갈 수 있었지만 원래 하고 있던 유선식품 사업이 계속 커지고 있어 손을 놓을 수가 없었다.

직접 해보지 않고는 모른다

네트워크 사업을 처음 배울 때 목표로 둔 것은 시스템을 배우는 것이었고 또 그 시스템을 배워 돈이 벌리는지 확인을 해보고 싶었다. 그 목표를 경험했으니 내 본업에 더 집중하는 게 맞는 선택이었다.

내겐 네트워크가 좋다, 나쁘다를 떠나 내가 생각한 것을 행동했느냐, 안 했느냐가 주요 관점이었다. 나는 평상시 네트워크가 궁금했었고 직접 용기를 내어 경험해봤다. 경험해보니 장단점이 확실히 보였다. 무엇이든지 내가 직접 경험해 결론을 도출해보는 것이 정답인 것 같다. 그래서 우리에게는 도전해볼 작은 용기가 필요한 것이다.

사업을 하며 발생하는 기회비용들

끝없이 도전하는 행동력

나의 20대 첫 목표는 내가 살 집과 자동차를 얻는 것이었다. 이 목표를 이루었을 때가 스물여덟 살이었다. 성과를 이룬 목표가 너무 빨라서인지 한동안은 목표를 잃은 채 삶을 보내기도 했다. 하지만 1년이란 시간이 지났을 때 만들어놓은 성은 곧 붕괴되기 시작했다. 성을 지을 때 견고히 쌓아올렸어야 하는데 모래성으로 지어서 한순간에 내 시스템은 붕괴되었다.

이후 나는 다시 복구하기 위해 무리하게 돈을 투자하기도 하고 인맥을 이용해 운영자도 찾았다. 하지만 난 결국 망하고 말았다. 이때 내 상황을 비유해보자면, 남자들이 군대에 가서 앞으로 제대까지 남은 기간에 대해 선임에게 이런 질문을 받는 것과 비슷하다고 할 것이다.

"아무개 이병, 눈을 감아봐. 눈앞에 뭐가 보이나?"

"아무것도 보이지 않습니다."

"그렇다. 그게 바로 너에게 펼쳐질 앞으로의 군 생활이다."

정말 무서운 말이지 않은가? 나는 앞이 보이지 않았다. 그 공포는 삶을 살아갈 마음이 들지 못하게 할 정도로 큰 공포였다.

하지만 이 지옥 같은 현실에서 3년을 견디며 지켜낸 것이 바로 유선식품 주식회사다. 마음을 비운 채 밤낮으로 영업과 생산과 배송을 시간 가는 줄도 모르고 정신없이 경주마처럼 앞만 보고 달렸다. 어느 순간 나도 모르는 사이에 조금씩 조금씩 회사가 성장하더니 이제는 직원 50명에 연간 100억 원을 달성하는 회사로 성장했다.

나는 위기 때 영업의 방향을 일반 소매점에서 기업으로 관점을 바꿨다. 아무래도 프랜차이즈 경험이 있다 보니 일반 상인들을 상대하는 것보다는 기업 쪽과 이야기하는 것이 더 잘 통했다. 그리고 문의 전화가 오면 장소 불문하고 미팅을 하러 다녔다.

지금 우리 고객사 중 잊지 못할 일화를 남긴 곳이 있다. 그때 우리 회사는 인력 부족으로 인해 배송과 생산에 온 직원이 다 붙어가며 일하고 있어서 체력적으로 힘이 많이 빠져 있었다. 그때 회사로 전화 한 통이 걸려왔다. 프랜차이즈 본사인데 지방에 매장 하나를 출범할 계획인데 좀 급하게 미팅을 하고 싶다는 것이었다. 사실 본사 사무실이 서울에 위치해 있어서 대전에서 올라가려면 3시간은 걸렸다. 아직 오픈 계획만 있는데 올라가야 하나 싶었다. 몸도 많이 지쳐 있는 상태라 쉬고 싶었다. 그런데 난 이렇게 대답하고 있었다. "오늘 밤이라도 퇴근을 늦게 하신다면 올라가겠습니다."

장날이라 도저히 움직일 상황이 아니었는데 장터를 일찍 마감하고 올라갈 채비를 했다. 이날의 계약이 유선식품의 도약이 되었고 향후 회사 콘셉트에도 지대한 영향을 끼쳤다. 앞으로 제조업과 유통을 넘어 정보사업으로 도전해나갈 것이다. 창업인들에게 창업 전 도움이 되는 회사가 되고 싶다.

신용불량 될 각오로 임하라

나에게도 두 번의 부도 위기가 있었다. 첫 번째는 서른 살 무한리필 치킨집 사업, 두 번째는 서른세 살 롱다리치킨 제조공장 인수다. 이 위기를 이겨내는 과정에서 나를 더욱 힘들게 한 사건은 2016년 겨울 아버지의 혈액암 판정이었다. 아버지는 농장일을 하셨고 1년 내내 쉬는 법이 없으셨다. 성인이 되어가며 왜 그렇게까지 일을 하시는지 이해가 되질 않았다. 결국 얻은 것이 암이라는 판정인데……. 아버지가 고맙기도 하면서 원망스럽기도 했다.

처음엔 아버지가 단순 감기인 줄 알았다. 그리고 환갑 기념으로 종합검진을 받으신 지 1년이 지나지 않았기에 큰 병이 있으시라고는 상상하지 못했다. 원인을 찾지 못한 채 입원 기간이 길어지면서 2개월이란 시간이 지나가고 있었다.

나는 아버지가 입원해 계신 건양대병원과 20분 남짓의 거리에 있으면서도 자주 찾아뵙지 못했다. 목구멍이 포도청이라 하루하루를 연명하기에도 힘든 시기였다.

3개월가량 되었을 때 담당 선생님이 보호자를 찾았다. 당시 가깝게 있던 내가 보호자로 등록돼 있었기 때문에 연락은 나에게 왔다. 배송일을 마치고 병원에 들러 담당 선생님과 면담을 했는데 병의 원인을 찾았다고 했다. 그런데 그 원인을 얘기해주기 전 가족 분들과 먼저 마음의 결정을 해야 한다고 했다. 순간 무엇인가 큰 일이 생겼구나 하는 직감이 들었다. 담당 선생님은 아버지 병명이 혈액암 종류로 보이고 수술이나 항암치료를 선택해야 한다고 했다. 치료는 해당 병원에서도 가능하고 큰 병원으로 이송해 치료받아도 된다고 했다. 설명을 듣는 내내 눈물이 흐르고 내가 시한부 판정을 받은 느낌이었다.

이 얘기를 아버지에게 어떻게 전달해야 할지 몰라 일단 아버지에게는 비밀로 하고 면담이 끝난 후 바로 고향으로 내려갔다. 어머니와 형하고 항암치료를 할지 말지, 또 치료 병원을 결정해야 했다. 어머니는 하염없이 울기만 하시고 형과 나는 병원 갈 준비를 했다. 서른셋 겨울, 모든 것이 얼어붙는 것 같았고 내가 잘되어야 한다는 마음을 더 독하게 먹는 계기가 되었다.

'지금 당장은 회사가 위태롭지만 포기하지 않고 계속 해보자. 그래도 잘못되면 파산하고 회생절차를 거쳐 다시 재도전하자'라고 생각했다. 빚은 10년 열심히 일하면 갚을 거라 여겼고 내가 가진 모든 것을 회사에 쏟아부었다. 일단 영업을 더 많이 다니기 위해 유지비가 안 드는 가스차를 선택했다. 돈이 없어 신용대출로 중고 매매단지에서 150만 원짜리 차를 구입했다. 보험은 기본 보험만 가입하고 시간에 상관없이 전단지와 닭을 들고 다니며 영업을 했다.

우리는 무엇인가에 도전할 때 긍정적인 생각을 많이 한다. 창업할 때 다른 사람은 실패해도 '나만은 잘될 거야'라는 생각을 한다. 나 또한 그랬다. 하지만 현실이 항상 행복한 것은 아니다. 잘 안될 수도 있다. 내가 실패할 수도 있다. 그럴 때 당신은 당신이 실패한다고 인정할 것인가? 누구나 실패를 할 수가 있다고 본다.

다만 여기서 실패를 했을 때 얼마나 독한 마음을 품고 다시 도전할지가 중요하다. 여러분은 사업 시나리오가 성공했을 때의 모습도 그리겠지만 실패했을 시 최악의 상황까지 고려해 시나라오를 쓰고 전략을 짜기 바란다.

행동을 위한 질문과 토론

지금까지의 나의 이야기가 잠재된 행동의 힘을 꺼내는 데 도움이 됐기를 바란다. 그리고 아래의 질문을 자신에게 던져본다거나 주변 사람들과 토론해보길 권한다.

1. 당신이 부자가 되고 싶은 이유는 무엇인가?
2. 당신의 소비 습관이 당신이 원하는 삶을 반영하고 있는가?

3. 당신은 매일 무엇을 생각하는가? 언제 마지막으로 세미나에 참석하거나 경제 서적을 읽었는가?
4. 주변 사람들을 통해 금융에 대해 배우고 있는가?
5. 당신의 통제력은 강한 편인가? 아니면 더 훈련해야 하는가?
6. 당신에게는 훌륭한 조언을 해줄 중개인이 있는가?
7. 당신은 금융 분야에서 본받고 싶은 모델이 있는가?
8. 사치품을 구매할 때 당신은 어떻게 그 값을 지불했는가?

에필로그

기업가로서의 나의 소명

20대 중반에 우연히 학원에 취직해 월급쟁이 인생을 살았다. 월급쟁이 인생에서는 자유를 찾을 수가 없어 곧 세일즈라는 전문직으로 인생의 진로를 바꿨다. 전문직은 고소득이었으나 노년에도 노동력을 투입해 수입을 얻어야 한다는 단점 때문에 시스템을 만들고 싶었다. 그래서 장사를 시작했고 프랜차이즈 사업까지 확장했다.

나는 5년도 걸리지 않은 기간에 내가 목표한 것을 모두 이루었고 성공한 것만 같았다. 하지만 모래 위의 성처럼 곧 내 왕국은 무너지고 말았다. 그리고 다시 성을 세우기 위한 준비 기간이 3년 걸렸다. 그렇게 법인회사를 설립하고 이제 다시 5년이 지났다.

최고경영자로서 걸어온 길은 항상 힘든 결정의 순간이었고 혼자인 시간도 많아졌다. 그러다 보니 어느 순간 내 마음도 외로움을 느꼈다. 따스한 위로를 받고 싶었다. 그러던 중

우연히 장인어른께서 재직 중이신 장애인 직업학교에 다녀왔다.

그곳의 아이들은 불편한 몸을 가지고도 맡은 임무에 대해 밝게 공부를 하고 있었다. 문득 우리 회사도 사회에 무엇인가 보탬이 되는 기업이 되고 싶었다. 처음에는 연탄 배달이나 봉사활동을 생각했었는데 회사에 매어 있는 시간이 많다 보니 바로 실천하기에는 어려움이 있었다. 그래서 우선 우리 주 생산 제품이 닭고기이니 닭고기를 아이들에게 후원하는 것은 크게 어려운 게 없었다. 그렇게 시작한 것이 장애인아동후원이었다. 1년에 한 번뿐이긴 해도 작은 거부터 실천해 나가자라는 취지에서 시작하게 되었고 추후 창업 컨설팅도 병행해보고 싶다.

우리 회사는 앞으로 K푸드를 수출해 한국의 매운맛을 해외에 선보이고 싶고 프랜차이즈 컨설팅 및 사업으로 국내 치킨 사업의 안정화를 이끌어나가고 싶다. 그리고 지역에서 나눔을 통해 선한 기업으로 남고 싶다. 여기까지가 나에게 주어진 기업가로서의 소명이다.

돈을 버는 방식은 네 가지로 나뉜다. 월급 생활자, 전문가, 기업가, 투자자로 말이다. 나는 20대에 처음 부자의 삶을 엿보았다. 하지만 오래가지 못하고 무너졌다. 지금까지 15년간의 사회생활은 정글과 같았다. 살기 위해 30대 초반에 다시 도전해 서른아홉 살이 돼서야 경제적 자유를 다시 얻었다.

삶을 나이로 분류해보면 4쿼터 정도가 있는 거 같다. 25~35세는 1쿼터. 35~45세는 2쿼터, 45~55세는 3쿼터, 55~65세는 4쿼터, 그 뒤로는 은퇴다. 나의 1쿼터 성적은 엉망이었다. 하지만 2쿼터에서의 성적은 1쿼터의 실수를 개선해 현재는 좋은 성적을 내고 있다.

여러분도 학교 공부의 성적보다는 사회생활에서의 성적을

잘 받고 싶을 것이다. 물질적으로 가진 게 없어도 성공할 수 있다. 아이큐가 86인 나도 성공했으니 여러분도 할 수 있다. 부디 여러분 안에 잠재되어 있는 작은 거인을 깨우길 바란다.

나는 여전히 종종 자신에게 묻는다.

"나는 지금 파이프라인을 건설하고 있는가? 양동이를 나르고 있는가?"

북큐레이션 • 자신의 가치를 높이고, 가슴 뛰는 삶을 살고 싶은 이들을 위한 책

《운명을 바꾸는 행동의 힘》과 함께 읽으면 좋은 책. 진정한 나다움을 발견하고 인생을 멋지게 브랜딩하길 원하는 당신을 응원합니다.

10배 버는 힘

박서윤 지음 | 14,500원

잘 버는 사람들은 생각부터 다르다!
돈 버는 능력을 키우는 부자 되기 최단 루트

부자가 되고 싶지만 정작 그 방법을 아는 사람은 얼마나 될까? 부자들은 어떻게 생각하고 행동하기에 돈의 주인으로 살아갈 수 있는 것일까? 《10배 버는 힘》은 수억 원의 빚과 함께 절망적인 상황에 서 있던 저자가 3,000권의 책을 읽으며 부자 들이 가지고 있는 공통점들을 찾아내 한 권의 내용으로 정리한 책이다. 자신의 내면에 돈의 주인처럼 생각하고 행동하게 만드는 부자 DNA을 심어 10배가 넘는 수익을 창출한 저자는, 누구나 후천적으로 부자가 될 수 있다고 강조하고 있다.

사장 교과서

주상용 지음 | 14,500원

사장, 배운 적 있나요?
경영 멘토가 들려주는 사장의 고민에 대한 명쾌한 해법

중소기업이 시장에서 살아남아 강소기업으로 성장할 수 있는 비결은 어디에 있을 까? 대기업과 달리 중소기업의 사장은 대체할 수 없는 리더십이다. 따라서 조직의 성과를 높이고 효율을 증진시키기 위해서는 누구보다 먼저 사장 자신의 효율성이 높아져야 한다. 이 책에서는 기업 CEO들의 생각 친구, 경영 멘토인 저자가 기업을 성장시키는 사장들의 비밀을 알려준다. 창업 후 자신의 한계에 부딪혀 성장통을 겪고 있는 사장, 위기 앞에서 포기하기 직전에 있는 사장, 향후 일 잘하는 사장이 되려고 준비 중인 예비 사장들에게 큰 도움이 될 것이다.